新标准 日语教程

第二册

智慧版

总主编　冯　峰
主　编　张元卉
副主编　[日]河村直子
编　者　陈爱阳　[日]仓重拓
　　　　高　阳　[日]进藤优子

外语教学与研究出版社
北京

图书在版编目（CIP）数据

新标准日语教程：智慧版．第二册 / 张元卉主编；（日）河村直子副主编；陈爱阳等编． —— 北京：外语教学与研究出版社，2023.10（2024.2 重印）
（新标准日语 / 冯峰总主编）
ISBN 978-7-5213-4890-3

Ⅰ．①新… Ⅱ．①张… ②河… ③陈… Ⅲ．①日语－高等学校－教材 Ⅳ．①H369.39

中国国家版本馆 CIP 数据核字（2023）第 211825 号

出 版 人　王　芳
项目策划　杜红坡
责任编辑　戚　新
责任校对　王晓晴
封面设计　梧桐影
插图设计　抽　屉　苗思雨
出版发行　外语教学与研究出版社
社　　址　北京市西三环北路 19 号（100089）
网　　址　https://www.fltrp.com
印　　刷　河北文扬印刷有限公司
开　　本　787×1092　1/16
印　　张　16.5
版　　次　2023 年 11 月第 1 版　2024 年 2 月第 2 次印刷
书　　号　ISBN 978-7-5213-4890-3
定　　价　78.00 元

如有图书采购需求，图书内容或印刷装订等问题，侵权、盗版书籍等线索，请拨打以下电话或关注官方服务号：
客服电话：400 898 7008
官方服务号：微信搜索并关注公众号"外研社官方服务号"
外研社购书网址：https://fltrp.tmall.com

物料号：348900001

编写背景

《新标准日语教程》系列教材，是面向高等院校本科、研究生阶段将日语作为第二外语的学生编写的零起点教材，同时也是一套适合广大日语爱好者自学使用的教材。本系列教材依据《大学日语教学指南（2021版）》编写而成，共3册，每册12课，总计约150课时。通过150课时左右的学习，学生可以基本掌握日语基础语法体系，打下比较坚实的自学基础，在语言知识方面达到日本国际交流基金会和日本国际教育支援协会设立的"新日语能力考试"N3级水平，同时也能达到全国大学日语四级考试要求的水平。

本系列教材的前身是2001年出版的《新世纪日本语教程》系列教材。《新世纪日本语教程》系列教材因其易教易学、符合高校日语二外课堂的需求，自出版以来受到各高校日语教师和学生的普遍欢迎，畅销二十余年。该系列中的教材还入选了"普通高等教育'十一五'国家级规划教材"，获得了"北京高等教育精品教材"等诸多荣誉和奖项。近年来国家和社会对外语人才的需求日趋多元化，我国的外语教育处于重要转型期，为了满足新时代国家对外语人才的需求，我们在《新世纪日本语教程》系列教材的基础上，结合当代学生的学习方式和习惯，引入新的理念和素材，编写了这套《新标准日语教程》系列教材。

编写原则

本系列教材严格把控单元学习时间内的课程内容，注重培养学生掌握有效的外语学习策略，使学生形成对日语语言规律的系统性认识。同时通过不同类型的主题课文，实现价值引领、培养思辨能力。本系列教材以"适合学生学习"为总的编写原则。一方面从根本上解决以往教材课程设置不合理、文本内容繁杂冗长、单元学习内容负担过重等问题，另一方面在注重语言学习的同时，兼顾人文内涵的培养，选材方面体现知识性、社会性、人文性，将价值塑造、知识传授

和能力培养融为一体。

教材构成

本系列教材包含3册主教材和3册配套的"学习辅导用书"，共6册。此外，本系列教材依托"U校园智慧教学云平台"，提供微课视频、思政数字课程、教学PPT课件、期末试题、"随身学"等配套资源。

教材特色

1. 主题丰富，融合思政，提升育人成效

主题涵盖流行文化、科技创新、时代发展等多个话题，激发学生兴趣的同时，体现价值引领、实现育人目标。选材语言鲜活地道，交际语境真实生动，使学生通过生动的语言载体提升人文素养。配套思政数字课程，围绕每课主题，突出中华优秀文化，引领学生坚定文化自信，培养家国情怀。

2. 语法严谨，循序渐进，提升学习效果

本系列教材的语法讲解摒弃了陈旧的语法教学模式，针对中国学生的实际情况，选取了更适合自学者掌握的"学校语法"体系。充分考虑到中国学生的语言习惯及学习环境，本系列教材重视对日语语言系统性学习的指导。在语法条目的编排方面，编者们结合长期的教学经验进行了大胆的设计与创新。

3. 分层模式，因材施教，匹配教学目标

本系列教材根据不同的教学目标，对教材内容进行了分层次的板块化设计。各板块的功能明确，重点突出。板块间既有相关性，又有相对的独立性，还有难易度的层次区分。

4. 数字驱动，资源立体，引领智慧教学

本系列教材依托"U校园智慧教学云平台"，为教师提供多终端教学管理工具，同时配备微课视频、思政数字课程、教学PPT课件、期末试题、"随身学"等配套资源与工具，助力打造智慧课堂。由于全国各地高校日语二外课程的课时安排和教学规模不尽相同，授课教师可以充分利用教材的数字资源，对教材各板块重新进行组合，有针

对性地开展智慧教学，有效地提升教学效果。

5. 注重细节，精益求精，适合学生学习

本系列教材在编写过程中，始终贯彻"适合学生学习"这一原则，每个环节背后，都充分考虑到学生的可利用时间和能够完成的学习量。如：教材中的日语汉字采用标注读音假名的方式；练习环节出现的生词，以小单词表的形式进行汇总；各册教材均配有"单词语法索引"，方便学生查找；每课都附有与该课内容相关的拓展词汇；课文和会话均配有中文译文；配套"学习辅导用书"是对所学语法、词汇和文化常识等内容的深化和扩展，讲解更加详尽。

6. 设计活泼，形式新颖，激发学习兴趣

本系列教材除在内容上遵循知识性、趣味性与实用性相结合的原则外，在形式上也追求一种轻松、活泼的风格。比如：课文和会话部分使用了较大的字号；课文和会话中的插图不仅生动有趣，还结合了相关内容，学生也可以通过插图窥见日本文化的精细之处；页面设置合理，便于学生记录要点等。本系列教材通过上述方式，以期达到激发学习兴趣，调节课堂气氛的目的。

编写一套形式新颖又适合大学第二外语教学及自学者使用的日语教材是我们的初衷。将教材命名为《新标准日语教程》就是希望改变以往教材生冷冗长、内容过于繁杂的状况，以新的标准重新审视、研究高校第二外语课堂的实际需求，编写出一套轻松、快乐的日语教材。这既是编者们的初衷，也是编者们的编写理念和期待。希望本系列教材能够得到各高校日语教师和广大日语学生的喜爱。

本系列教材在编写过程中，得到了清华大学语言教学中心王燕、冯海鹰两位老师和进行教材试用的北京理工大学学生的宝贵建议。同时，外语教学与研究出版社综合语种教育出版分社副社长杜红坡先生、编辑咸新女士由始至终大力支持本系列教材的编写工作。这让我们感到十分荣幸，在此一并表示诚挚的谢意。

编者

2023年10月

编写及使用说明

一、教学安排

《新标准日语教程第二册》共12课，按每学期16周（扣除总结、复习、考试时间及法定节假日，实际授课约13—14周）、每周4课时学习一课，预计一学期能够学完（可留给任课教师一些自由安排学习内容的时间）。各学校也可按本校的实际情况适当安排。

二、教材结构及使用说明

本教材每课的基本结构，分为"课文""会话""单词""语法解说""练习""小知识"等板块。"课文"板块的选材包括流行文化、传统文化、文化交流、社会问题思考等多项内容。"课文"板块后，设置了与其内容相匹配的"会话"板块，其作用是建立真实的交流情景。"单词"板块设计为分层次的学习模式，将每课必须掌握的单词与拓展词汇相区分。"语法讲解"板块聚焦重点难点，对核心语法及主要句型进行精炼讲解，并配以丰富的例句以加深理解。"练习"板块以"启发式""以学生为主体"等理念为原则，设计了多样的练习形式，涵盖了听、说、读、写、译五个环节。"小知识"板块从跨文化交际的角度提供与日本文化相关的信息，提升学生对日本文化的理解。

1. 课程导入

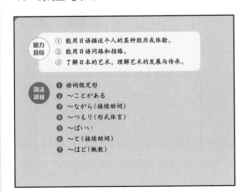

每课篇章页部分总结概括出了本课要达到的"能力目标"和需要掌握的"语法项目"。"能力目标"是本课学习完毕要达到的最终目标，学生可以通过对这一内容的"学前确认"和"学后检测"形成一个完整的学习闭环。"语法项目"则可以为学生提供确认和检测的具体内容。

2. 课文

ある秋の週末、吉田さんと徐さんは絵画を見に行きました。二人は午前9時に上野駅で待ち合わせ、一緒に美術館まで歩きました。上野公園の周辺にはたくさんの美術館や博物館があります。

吉田さんは都内の美術館に行くことがあります。でも、徐さんは日本でまだ美術館に行ったことがありません。二人はカフェでコーヒーを飲みながら、好きな画家について話しました。吉田さ

每课的课文题材广泛、体裁多样、信息量适度，反映新时代的生活气息，是本教材的核心内容。短小精炼、风趣自然是本教材课文的特点。建议学生在语法学习的同时，有意识地养成篇章阅读的习惯。同时也建议学生流利地朗读乃至背诵每课课文，这样会起到事半功倍的学习效果。

3. 会话

会话板块是指导学生在课文的基础上对学习内容进行交际应用，其内容准确地体现了现代日语口语的表达方式。为了使学生能准确掌握日语的各种表达方式，每篇会话均设置了特定的人物关系和场景，这有利于学生充分地认识并建立起交际应用的"场景意识"。在学习过程中，建议学生注意模仿会话录音，反复大声朗读、背诵，由准确、慢速逐渐过渡到流利、自然。通过反复做听说练习，达到快速提高听说能力的目的。

登場人物

呉暁：20歳、男性、中国人留学生
山田誠：45歳、男性、日本の会社員

◆道を尋ねる

呉：すみません、ここから市民センターまではどう行けばいいでしょうか。

山田：市民センターですね。この道を真っ直ぐ行って、三つ目の交差点を右に曲がってください。その道を真っ直ぐ行くと左側に見えますよ。

呉：時間はどのくらい掛かりますか。

山田：歩いて20分ほどです。

呉：わかりました。どうもありがとうございます。

4. 课文单词及会话单词

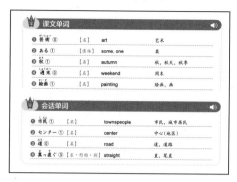

　　每课的"课文单词"和"会话单词"是要求学生必须掌握的词语。为便于学生重点记忆和掌握，每课课文单词和会话单词的总数限制在40个词以内。单词标有词性和声调，还配有中英文释义。

5. 记一记

　　本板块是和每课内容相关的拓展词汇，以"新日语能力考试"N4—N5级词语为主，不要求学生必须掌握。学生可结合语法知识选择使用该板块词语进行练习。

6. 语法解说

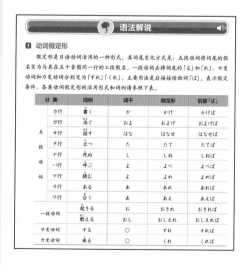

　　为适应中国学生的思维习惯和学习要求，本板块注重语法讲解的系统性和严谨性，力求实现"学生可独立完成语法学习"这一目的。在学习的过程中，建议使用配套"学习辅导用书"，通过更为细致的分类讲解和指导，深化相应语法知识的理解。

7. 相关词语

　　本板块选取在中日两种语言中形式、意义基本相同且常用的日语音读词语，目的在于使学生能够通过短时间内快速认知、朗读，逐渐掌握日语汉字的音读规律。这些词语不要求必须掌握。

8. 练习

　　课后练习旨在培养学生在日语学习中的思维方式，调动其积极参与实际应用。每课的练习形式多样化，包含词汇练习、语法练习、句型练习、场景练习、阅读练习、听力练习等，教师和学生可以根据自身情况适当选择。另外，为提高学生日语听力水平，每课听力练习按难度设计成"基础题（第1题）"和"提高题（第2题）"，学生可以根据自身情况选择学习。练习参考答案及听力练习原文请参看配套的"学习辅导用书"。练习中出现的生词以数字角标标出，在该练习后附有小单词表，供学生根据个人需要建立个性化学习目标，不要求必须掌握。

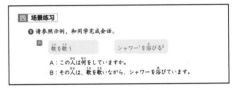

9. 小知识

　　每课最后补充的"小知识"介绍日本的方方面面，为学生提供多元文化观察的视角，使学生在学习语言的同时，充分了解日本文化的基本特点，从而提升学生对不同文化的理解和跨文化交际的能力。

三、其他编写说明

1. 单词的编写说明

（1）本教材课文、会话中出现的中日姓氏（均为中日两国常用姓氏）、人名以表格形式在附录中列出，故未在单词表中出现。

（2）会话人物介绍和场景设置中出现的单词不要求掌握，任课教师可在课堂介绍，学生也可以参看中文译文。

（3）在单词的表现形式上，考虑到中国人学习日语的特点，本教材不拘泥于日本的"当用汉字表"或"常用汉字表"，也介绍了一些日文书刊中常见而又有利于学生记忆该单词意义的"表外汉字"，如「私（わたし）」「喉（のど）」等。每课的单词表和书后的"单词语法索引"给出了词语较完整的汉字表现形式，而课文、会话等行文中则以现代日本社会生活中较为常见的词语表现形式出现。

（4）有少数词语在表达不同意义时声调不同，这样的词语标注了复数声调。如「もう①⓪」。由复数词语构成的惯用句、寒暄用语等分别列出了每个单词的声调。

（5）单词的词性以略语表示。如：一段自动词→自一、感叹词→感、形容动词→形动、接续词→接。

有的单词兼有名词和形容动词、サ变动词等不同词性，如「心配だ」。作为名词或サ变动词使用时，要去掉作为形容动词词尾的「だ」。

（6）本教材课文和会话单词的英文释义，仅供学生在词义上参考，词性上与日语单词未必完全一致。

2. 标识符号

本教材中，"·"表示词语或句型的并列，"~"表示日文的省略内容，"／"表示中日语言分界，"※"表示提醒，"→"表示如下所示，"◆"表示设置的会话场景和语法例句。

3. 相关资源获取

本教材练习参考答案和听力练习原文在配套的"学习辅导用书"内。

四、数字资源

《新标准日语教程》依托"U校园智慧教学云平台"，将课堂教学、自主学习与数字技术深度结合。提供微课视频、思政数字课程、教学PPT课件、期末试题、"随身学"学习工具等资源，全力支持教师开展智慧教学，有效引导学生进行个性化自主学习，提升教学成效，达成学习目标。

1. 提供智慧教学工具，打造智慧课堂

U校园智慧教学云平台为教学提供教、学、测、评、研一站式解决方案，为教师提供多终端教学管理工具，帮助教师实现课堂内外融合、线上线下贯通，支持教师开展翻转课堂实践，探索实施混合式教学。教师可以根据本校教学条件、课时情况、个人教学风格和学生水平，灵活多样地组合资源，开展智慧教学。

2. 提供优质数字课程，提升学习成效

提供优质的微课视频，包括课文、单词、语法等讲解，深入讲解每课所需的语言知识与交际技能。配套思政数字课程，通过形式多样、内容实用的讲解，解读教材中的思政育人元素，传播中华文化思想精髓。

3. 提供丰富教学资源，助力有效教学

提供教学PPT课件等教学资源，优化教学体验，助力提高课堂教学效率。提供优质的试题资源，方便教师及时评估和考察学生学习情况。配备"随身学"等学习资源工具，与纸质教材有机结合，帮助学生充分利用碎片化时间，提升学习效果。

本教材语法说明

　　本教材采用日本传统的"学校语法"体系，用言词尾变化分为"未然形""连用形""终止形""连体形""假定形""命令形""推量形"七种形式，动词分为"一段动词""五段动词""サ变动词""カ变动词"四类。

　　"学校语法"与"教育语法"的主要名称差异请参照下表。

学校语法	教育语法
五段动词	一类动词
一段动词（可分为上一段和下一段）	二类动词
カ变动词、サ变动词	三类动词
形容词	イ形容词
形容动词	ナ形容词
动词终止形（基本形、词典形）	动词基本形
动词第一连用形	动词ます形
动词第二连用形	动词て形/动词た形
动词未然形	动词ない形
动词假定形	动词ば形

目录

げいじゅつ あき
芸術 の 秋

能力目标
① 能用日语描述个人的某种经历或体验。
② 能用日语问路和指路。
③ 了解日本的艺术，理解艺术的发展与传承。

语法项目
❶ 动词假定形
❷ 〜ことがある
❸ 〜ながら（接续助词）
❹ 〜つもり（形式体言）
❺ 〜ばいい
❻ 〜と（接续助词）
❼ 〜ほど（概数）

　ある秋の週末、吉田さんと徐さんは絵画を見に行きました。二人は午前9時に上野駅で待ち合わせ、一緒に美術館まで歩きました。上野公園の周辺にはたくさんの美術館や博物館があります。

　吉田さんは都内の美術館に行くことがあります。でも、徐さんは日本でまだ美術館に行ったことがありません。二人はカフェでコーヒーを飲みながら、好きな画家について話しました。吉田さんは徐さんに、今度は浮世絵を見に行くつもりだと言いました。

　午後は動物園へパンダを見に行きました。上野動物園は日本で最初にできた動物園です。中国から来たパンダは動物園で一番人気があります。

课文单词

❶ 芸術 ⓪	【名】	art	艺术
❷ ある ①	【连体】	some, one	某
❸ 秋 ①	【名】	autumn	秋，秋天，秋季
❹ 週末 ⓪	【名】	weekend	周末
❺ 絵画 ①	【名】	painting	绘画，画
❻ 見る（観る）①	【他一】	see, watch	看，观看；观察
❼ 午前 ①	【名】	morning	上午，午前
❽ ～時	【接尾】	…o'clock	……点，……时
❾ 上野 ⓪	【名】	Ueno	（地名）上野
❿ 駅 ①	【名】	station	（地铁、火车等的）车站
⓫ 待ち合わせる ⑤	【他一】	meet at a prearranged place and time	约会，会面
⓬ 美術館 ③	【名】	gallery	美术馆
⓭ 歩く ②	【自五】	walk	走，步行
⓮ 公園 ⓪	【名】	park	公园
⓯ 周辺 ⓪	【名】	outskirts, around	周边，四周
⓰ 博物館 ④	【名】	museum	博物馆
⓱ 都内 ①	【名】	Tokyo metropolitan area	东京都内，东京都中心区
⓲ カフェ ①	【名】	café	咖啡馆
⓳ コーヒー ③	【名】	coffee	咖啡
⓴ 画家 ⓪	【名】	painter	画家
㉑ 浮世絵 ⓪	【名】	Ukiyoe	浮世绘
㉒ 動物園 ④	【名】	zoo	动物园
㉓ パンダ ①	【名】	panda	熊猫
㉔ 最初 ⓪	【名・副】	beginning	最初，首先，开始

会话

登場人物（とうじょうじんぶつ）

呉 暁（ご ぎょう）：20歳（はたち）、男性（だんせい）、中国人留学生（ちゅうごくじんりゅうがくせい）

山田 誠（やまだ まこと）：４５歳（よんじゅうごさい）、男性（だんせい）、日本の会社員（にほん の かいしゃいん）

◆道（みち）を尋（たず）ねる

呉（ご）：すみません、ここから市民（しみん）センターまではどう行（い）けばいい
でしょうか。

山田（やまだ）：市民（しみん）センターですね。この道（みち）を真（ま）っ直（す）ぐ行（い）って、二つ目（ふたつめ）
の交差点（こうさてん）を右（みぎ）に曲（ま）がってくだ
さい。その道（みち）を真（ま）っ直（す）ぐ行（い）くと
左側（ひだりがわ）に見（み）えますよ。

呉（ご）：時間（じかん）はどのくらい掛（か）かります
か。

山田（やまだ）：歩（ある）いて２０分（にじゅっぷん）ほどです。

呉（ご）：わかりました。どうもありがとうございます。

会话单词

❶ 市民（しみん）①	【名】	townspeople		市民，城市居民
❷ センター①	【名】	center		中心（地区）
❸ 道（みち）⓪	【名】	road		道，道路
❹ 真（ま）っ直（す）ぐ③	【名・形动・副】	straight		直，笔直

⑤	～目 ①	【接尾】	item...	第……
⑥	交差点 ⓪	【名】	crossing	十字路口；交叉点
⑦	右 ⓪	【名】	right	右，右边
⑧	曲がる ⓪	【自五】	turn; bend	转弯；弯，弯曲
⑨	左 ⓪	【名】	left	左，左边
⑩	側 ⓪	【名】	side	侧，边
⑪	見える ②	【自一】	be in sight	看见，看得见
⑫	時間 ⓪	【名】	time	时间
⑬	掛かる ②	【自五】	take	花费，需要
⑭	どうも ①	【副】	quite	非常，很（表示感谢或歉意等）

记一记

❶ 国語 ⓪ 国语，语文	❻ 法学 ⓪ 法学
❷ 哲学 ② 哲学	❼ 医学 ① 医学
❸ 数学 ⓪ 数学	❽ 地理 ① 地理
❹ 物理 ① 物理	❾ 歴史 ⓪ 历史
❺ 外国語 ⓪ 外语	❿ 体育 ① 体育

语法解说

1 动词假定形

假定形是日语动词活用的一种形式，其词尾变化方式是：五段动词将词尾的假名变为与其在五十音图同一行的エ段假名。一段动词去掉词尾的「る」加「れ」。サ变动词和カ变动词分别变为「すれ」「くれ」。主要用法是后接接续助词「ば」，表示假定条件。各类动词假定形的活用形式和词例请参照下表。

分 类		词例	词干	假定形	后接「ば」
五段动词	カ行	書く	か	かけ	かけば
	ガ行	泳ぐ	およ	およげ	およげば
	サ行	話す	はな	はなせ	はなせば
	タ行	立つ	た	たて	たてば
	ナ行	死ぬ	し	しね	しねば
	バ行	呼ぶ	よ	よべ	よべば
	マ行	読む	よ	よめ	よめば
	ラ行	ある	あ	あれ	あれば
	ワ行	合う	あ	あえ	あえば
一段动词		起きる	お	おきれ	おきれば
		教える	おし	おしえれ	おしえれば
サ变动词		する	○	すれ	すれば
カ变动词		来る	○	くれ	くれれ

◆ ここから市民センターまではどう行けばいいでしょうか。／从这里去市民中心怎么走？

◆ 常に漢字を書けば、上手になります。／经常写汉字就能够写好。

◆ 明日雨が降れば、遠足をやめましょう。／如果明天下雨的话，就别去郊游了吧。

◆ 歌もよく練習すれば、上手になります。／唱歌也是，如果经常练习，就能唱好。

◆ 一万円くらいあれば、自転車を買うことができます。／如果有一万日元，就能买自行车了。

2 〜ことがある／曾经……；有时……

①**接续**：动词过去式＋ことがある

解说：表示曾经有过某种经历。「こと」是形式体言。

◆ 徐さんは日本でまだ美術館へ行ったことがありません。／小徐之前在日本还没去过美术馆。

◆ わたしは刺身を食べたことがあります。／我吃过生鱼片。

◆ パソコンが動かなくなったことがありますか。／电脑死机过吗?

②**接续**：现在时连体形＋ことがある

解说：表示有时或偶尔发生某种情况。

◆ 吉田さんは都内の美術館に行くことがあります。／吉田有时去东京都内的美术馆。

◆ わたしは東京でアルバイトをすることがあります。／我有时在东京打工。

◆ 友達と映画を見に行くことがあります。／有时和朋友去看电影。

3 〜ながら／一边……一边……

接续：动词第一连用形＋ながら

解说：「ながら」（接续助词）表示同一主体同时进行两个动作，还表示后项是在前项的状态下进行的动作、行为。

◆ 二人はカフェでコーヒーを飲みながら、好きな画家について話しました。／两个人在咖啡馆一边喝咖啡，一边谈论着喜欢的画家。

◆ 歩きながら話しましょう。／边走边说吧。

◆ ラジオを聞きながら部屋を掃除しました。／边听收音机边打扫了房间。

◆ 英語を勉強しながら、日本語も勉強したいです。／学英语的同时，也想学日语。

◆ わたしは数学を学びながら子供にも教えました。／我一边自己学习数学，一边也教孩子。

4 ～つもり／打算……，准备……

接续：用言连体形＋つもり

解说：「つもり」（形式体言）大多出现在句末，表示想法、打算、计划。

◆ 吉田さんは徐さんに、今度は浮世絵を見に行くつもりだと言いました。／吉田对小徐说下次打算去看浮世绘。

◆ 冬休みは何をするつもりですか。／寒假想干什么？

◆ 今後、煙草は吸わないつもりです。／准备以后戒掉香烟。

※ 表示否定时，通常用「～つもりはない」的形式。

◆ その試験を受けるつもりはない。／我不想参加那个考试。

◆ 絵を描くのが好きだが、プロになるつもりはない。／喜欢画画，但是不想做一名职业画家。

◆ 行きたいのですが、今すぐ行くつもりはありません。／虽然想去，但是不想现在马上去。

5 ～ばいい／……就可以，……就行

接续：用言假定形＋ばいい

解说：本句型表示劝诱或提议对方采取某种特定行为。类似的表达方式有「～ばよろしい」「～といい」「～たらいい」。

◆ 分からない時は、この辞典を使えばいいです。／不懂时，查阅这本词典就可以了。

◆ 泣きたければ、大声で泣けばいいです。／想哭的话，大声哭好了。

◆ 明日9時に空港まで来ればいいです。／明天9点到机场就可以了。

◆ A：どうすればダイエットできるのでしょうか。／A：怎样才能减肥呢？
　B：そうですね。たくさん運動すればいいですよ。／B：这个嘛，要多运动。

6 ～と／如果……就……；一……就……

接续：用言终止形＋と

解说：① 表示假定条件，如果前项成立后项就成立。意为"如果……就……"
"一……就……"。

◆ その道をまっすぐ行くと左側に見えますよ。／顺着那条路一直走，在左侧就可以看到。

◆ スマートフォンがあると、電子決済をすることができます。／(如果)有手机，就能电子支付。

◆ このボタンを押すと、ドアは開きます。／一按下这个按钮，门就会打开。

②表示前后两个动作、行为相继发生或几乎同时进行。前者多为后者的条件或前提，后项多用过去式。意为"一……就……"。

◆ 電車が止まると、ドアが開いて人々が降り始めました。／电车一停，门就开了，乘客开始下车。

◆ 勉強すると、携帯電話が鳴りました。／刚开始学习，手机铃就响了起来。

◆ 家に帰るとまず母に話しました。／一回家就先和母亲说了。

7 ～ほど／……左右

接续：数量词＋ほど

用法：用于表达大概的数量。

◆ 駅まで歩いて２０分ほどです。／到车站大约走20来分钟。

◆ 自転車の修理には３日ほどかかります。／修理自行车大概要3天。

相关词语

日本②	→	本来①	本質⓪	資本⓪	本能①	基本⓪
動物園④	→	動作①	行動⓪	活動⓪	移動⓪	動機⓪
美術館③	→	手術①	学術②	武術①	技術①	芸術⓪

练习

一 词汇练习

❶ 请根据左侧词语的中文释义，从右侧a—f中选出对应的假名，正确排序后填在下划线上。

① 艺术　　げ ＿ ＿ ＿ ＿ ＿　　　a. く　つ　か　ん　ぶ

② 美术馆　び ＿ ＿ ＿ ＿ ＿　　　b. う　て　さ　ん

③ 博物馆　は ＿ ＿ ＿ ＿ ＿　　　c. い　つ　じゅ

④ 动物园　ど ＿ ＿ ＿ ＿ ＿　　　d. ん　か

⑤ 十字路口 こ ＿ ＿ ＿ ＿ ＿　　　e. う　つ　ぶ　ん　え

⑥ 时间　　じ ＿ ＿ ＿ ＿ ＿　　　f. じゅ　ん　か　つ

❷ 请在下列各组词语中，选出画线部分读音与其他三个不同的词语。

例 A.<u>高</u>校　　B.<u>空</u>港　　C.<u>敬</u>語　　D.<u>後</u>輩 → C

① A. 時<u>間</u>　　B. <u>簡</u>単だ　　C. 冒<u>険</u>　　D. 図書<u>館</u>

② A. 歴<u>史</u>　　B. <u>市</u>民　　C. <u>実</u>家　　D. <u>知</u>る

③ A. <u>見</u>える　B. 趣<u>味</u>　　C. 早<u>旦</u>　　D. 花<u>見</u>

④ A. 午<u>前</u>　　B. 敬<u>語</u>　　C. 午<u>後</u>　　D. 観<u>光</u>

⑤ A. <u>曲</u>がる　B. <u>待</u>つ　　C. 真っ<u>直</u>ぐ　D. <u>漫</u>画

⑥ A. <u>掛</u>かる　B. <u>生</u>活　　C. <u>実</u>家　　D. <u>文</u>化

二 语法练习

❶ 请按要求写出下表中动词的活用形。

【五段动词】

基本形	第一连用形	第二连用形	未然形	假定形＋ば	过去式
歌う					
歩く					
行く					
知る					
混む					

（续表）

基本形	第一连用形	第二连用形	未然形	假定形＋ば	过去式
遊^{あそ}ぶ					
掛^かかる					
曲^まがる					

【一段动词】

基本形	第一连用形	第二连用形	未然形	假定形＋ば	过去式
調^{しら}べる					
見^みえる					
待^まち合^あわせる					

【カ变动词】

基本形	第一连用形	第二连用形	未然形	假定形＋ば	过去式
来^くる					

【サ变动词】

基本形	第一连用形	第二连用形	未然形	假定形＋ば	过去式
掃除^{そうじ}する					

❷ 请从下列词语中选取适当的动词，将其变为假定形后填在下划线上（每个动词只使用一次）。

> 来^くる　する　使^{つか}う　いる　分^わかる　ある　調^{しら}べる　曲^まがる

例　春^{はる}が＿＿来^くれば＿＿、花^{はな}が咲^さきます。

① その交差点^{こうさてん}を＿＿＿＿＿、電気屋^{でんきや}さんが見^みえます。

② 田中^{たなか}さんは面白^{おもしろ}い人^{ひと}です。彼^{かれ}が＿＿＿＿＿、勉強会^{べんきょうかい}も楽^{たの}しくなります。

③ その漢字^{かんじ}が＿＿＿＿＿教^{おし}えてください。

④ 毎日掃除^{まいにちそうじ}を＿＿＿＿＿、部屋^{へや}はきれいになります。

⑤ SNSを＿＿＿＿＿友達^{ともだち}に写真^{しゃしん}などを送^{おく}ることができます。

⑥ 博物館^{はくぶつかん}に行^いくのですか。いいですね。時間^{じかん}が＿＿＿＿＿行^いきたいです。

⑦ インターネットで＿＿＿＿＿、何^{なん}でもわかります。

❸ 请按要求写出下表中形容词、形容动词的活用形(假定形请参照第一册第6、7课语法解说)。

【形容词】

终止形	连体形	连用形	假定形
楽(たの)しい			
難(むずか)しい			

【形容动词】

终止形	连体形	连用形	假定形
複雑(ふくざつ)だ			
綺麗(きれい)だ			

❹ 请参照课文在下划线上填入适当的助词。

この道①＿＿真っ直(ま す)ぐ行(い)って、二(ふた)つ目(め)②＿＿交差点(こうさてん)③＿＿右(みぎ)④＿＿曲がってください。その道(みち)⑤＿＿真っ直ぐ行(い)く⑥＿＿、左側(ひだりがわ)⑦＿＿美術館(びじゅつかん)⑧＿＿見(み)えますよ。

三 句型练习

❶ ＿＿＿＿＿＿が、＿＿＿＿＿（る）ことも（が）あります。

a. 東京(とうきょう)は北京(ペキン)より暖(あたた)かい	4月(しがつ)に雪(ゆき)が降(ふ)る[1]

b. 買(か)い物(もの)は近(ちか)くのスーパーでしている	電車(でんしゃ)に乗(の)ってデパートへ行(い)く

c. 映画(えいが)が大好(だいす)きでよく見(み)に行(い)く	一人(ひとり)で見(み)に行(い)く

❷ ＿＿＿＿＿＿たことがあります。

a. ディズニーランドに行(い)く

b. お寿司(すし)を食(た)べる

c. 桜を見る

❸ ＿＿＿＿＿ながら＿＿＿＿＿ました。

a. 歌を歌う　　　　　帰る

b. 景色²を見る　　　お弁当³を食べる

c. アルバイトする　　大学で勉強する

❹ A：「私は夏休みに<u>アルバイトをするつもり</u>です」
　　→Aさんは夏休みに<u>アルバイトをするつもり</u>だと言いました。

a. A：「私は土曜日に美術館へ行くつもりです」
　　→

b. A：「明日の勉強会の後、食事に行くつもりです」
　　→

c. A：「宿題は、金曜日に出すつもりです」
　　→

❺ A：ここから＿＿＿＿＿までどう行けばいいですか。
　　B：＿＿＿＿＿ですか。この道を＿＿＿＿＿行くと、＿＿＿＿＿に見えます。

a. 駅　　　　　　真っ直ぐ　　　　　左側

b. 美術館　　　　5分ほど　　　　　左側

c. 動物園　　　　100メートル⁴ほど　右側

四 场景练习

❶ 请参照示例，和同学完成会话。

例

| 歌を歌う | シャワー¹を浴びる² |

A：この人は何をしていますか。
B：その人は、歌を歌いながら、シャワーを浴びています。

① 音楽を聞く　　　　勉強する

② お菓子を食べる　　テレビを見る

③ テレビを見る　　　勉強する

④ テレビを見る　　　ご飯を食べる

⑤ お菓子を食べる　　本を読む

⑥ 音楽を聞く　　　　歌を歌う

❷ 请参照示例，根据个人实际情况和同学完成一段自由会话。

提示：如果回答的同学有这样的体验，请提问的同学使用「いつ、どこで、誰
と、どうでしたか」继续提出关于时间、地点及感受等问题；如果回答
的同学没有这样的体验，请回答的同学使用「たい」来表达希望体验的想
法。

例

Ａ 〜さん、天ぷら³を食べたことがありますか。

Ｂ はい、あります。／いいえ、ありません。食べたいですね。

Ａ いつ／どこで／誰と　食べましたか。

Ｂ 先週⁴／日本料理屋さんで／家族と食べました。とても美味しかったです。

Ａ よかったですね。

お寿司を食べる

桜を見る

紅葉を見る

富士山⁵に登る⁶

単词

1 シャワー①【名】淋浴

2 浴びる⓪【他一】浇；淋；浴

3 天ぷら⓪【名】天妇罗，（裏面）炸虾、鱼、蔬菜等

4 先週⓪【名】上星期，上周

5 富士山①【名】富士山

6 登る⓪【自五】登，登高

15

五 阅读练习

请根据图片所示内容和下方提示信息，分别写出图中A—F对应的地点。

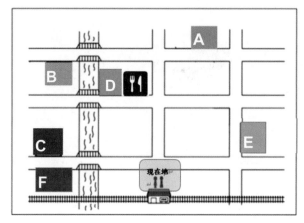

【どう行けばいいですか。】

● 本屋
　　一つ目の角[1]を右に曲がって、次の角を左に曲がってください。右側にあり

ます。

● 花屋[2]
　　真っ直ぐ行って、三つ目の角を右に曲がってください。左側にあります。

● 学校
　　一つ目の角を左に曲がって、橋[3]を渡って[4]ください。右側にあります。

● 郵便局
　　一つ目の角を左に曲がって、橋を渡ってください。左側にあります。

● 公園
　　真っ直ぐ行って、三つ目の角を左に曲がって、橋を渡ってください。左側

にあります。

● スーパー
　　真っ直ぐ行って、二つ目の角を左に曲がってください。右側のレストラン
の隣にあります。

単词

1 角①【名】拐角，拐弯儿的地方　　3 橋②【名】桥，桥梁，天桥
2 花屋②【名】花商；花店　　4 渡る⓪【自五】渡，过

六　听力练习 🔊

❶ 次の会話を聞いて質問に答えてください。

問題：男の人と女の人は今週末、何を見に行きますか。

① 美術館　　　　　　　　　　② 絵

③ 浮世絵とパンダ　　　　　　④ 博物館や動物園

単词

1 男性⓪【名】男性
2 女性⓪【名】女性

3 今〜【接头】今……，本……，这……

❷ 次の文を聞いて質問に答えてください。

問題：私がドッグカフェに行くのはいつですか。

① 毎週　　　　② 休日　　　　③ 土曜日　　　　④ 日曜日

単词

1 ドッグカフェ④【名】可以带狗的咖啡馆
2 毎週⓪【名】毎周，每星期

3 休日⓪【名】休息日，假日

日本美术的传承与创新

日本的美术，是跨越了两千多年的珍贵的文化瑰宝。

自6世纪开始，佛教美术在日本兴起，来自中国和朝鲜半岛的工匠是这一时期日本佛教美术创作的主力。日本最早的佛教寺院之一飞鸟寺（596年）的建造就有百济工匠的参与，川原寺（约7世纪中期）则是唐朝样式的佛寺。6世纪前半叶起，佛像和寺庙沿袭中国南北朝风格，并逐渐向隋唐风格过渡。7世纪末，药师寺金堂的"药师三尊像"已呈现初唐风貌。

奈良时代（710年—794年），中日佛教美术有进一步的交流。东大寺正仓院的名品《鸟毛立女屏风》，其中的美女造型酷似唐朝贵妇。平安时代（794年—1185年），日本世俗美术日益兴起，美术风格从"唐风"向"和风"过渡，"唐绘"也开始让位给了"大和绘"。大和绘的主要种类之一"绘卷物"，是描绘日本文学作品的画卷。其代表作《源氏物语绘卷》极具特色。在此后的镰仓时代（1185年—1333年）和室町时代（1336年—1573年），随着武士文化的兴起，日本世俗美术进一步发展，《紫式部日记绘卷》《平治物语绘卷》是这一时期的代表作。室町时代，在日本画坛崛起的狩野派是日本绘画史上最大的画派，其影响深远，画风一直延续到近代。

江户时代（1603年—1867年）是日本世俗美术最兴盛的时代。这一时期日本绘画名家并出，流派纷呈，还出现了反映市民审美意识的风俗画"浮世绘"。鸟居清长与喜多川歌麿是浮世绘美人画名家，葛饰北斋与安藤广重（又名歌川广重）则是浮世绘风景画名家。浮世绘后来对欧洲印象派和后印象派画家影响颇大。

明治时代（1868年—1912年），西方绘画形式得到了广泛的认可。大正时代（1912年—1926年），西方艺术在日本的影响进一步扩大。第二次世界大战后，日本艺术家们接受了西方艺术潮流的影响，并开始探索独创的艺术表现形式。冈本太郎、池田满寿夫、平山郁夫都是这一时期的代表人物，其作品也成为日本现代艺术的代表之作。

课文会话译文

🌸 **第1课 艺术之秋**

课文

在一个秋天的周末，吉田和小徐去看了画展。两个人相约上午9点在上野站见面，然后一起走到了美术馆。在上野公园周边，有很多美术馆和博物馆。

吉田有时去东京都内的美术馆。但是，小徐之前在日本还没去过美术馆。两个人在咖啡馆一边喝咖啡，一边谈论着喜欢的画家。吉田对小徐说下次打算去看浮世绘。

下午，他们去了动物园看熊猫。上野动物园是日本最早建成的动物园。从中国来的熊猫在动物园最受人们的欢迎。

会话

登场人物：

吴晓（男），20岁，中国留学生

山田诚（男），45岁，日本公司职员

◆ 问路

吴：请问，从这里去市民中心怎么走？

山田：市民中心啊，沿着这条路往前一直走，在第二个路口请向右拐。顺着那条路一直走，在左侧就可以看到。

吴：需要多长时间啊？

山田：步行需要20分钟左右。

吴：明白了。谢谢！

第2課　<ruby>だいに<rt></rt></ruby>

<ruby>第2課<rt>だいに　か</rt></ruby>　<ruby>日本人<rt>にほんじん</rt></ruby>の<ruby>中国留学<rt>ちゅうごくりゅうがく</rt></ruby>

能力目標

① 能用日语表达自己的意愿及对他人的劝诱。
② 能用日语描述动作、行为发展的趋势。
③ 了解中日两国交流的历程，理解文化交流的重要性。

语法项目

❶ 动词推量形
❷ ～てくる・～ていく
❸ ～にとって
❹ ～ようだ（比况助动词）
❺ こと・もの・の（ん）（形式体言）
❻ ～（よ）うと思う

课文

　日本の若者にとって、留学は珍しいことではありません。日本人の大半は、今までアメリカやヨーロッパなどに留学してきました。しかし近頃は、中国に留学する人が増えています。

　中国に来る日本人留学生の中には、中国の伝統文化や経済発展に関心を持ち、「中国語を一生懸命勉強しよう」と思っている人が少なくありません。漢字がわかる日本人にとって、中国語を読んだり、書いたりすることはあまり難しくありません。けれど、中国語を正しい発音で話すことはかなり困難なようです。

　中国で日本語を勉強している皆さん、こうした日本の若者と交流したいと思いませんか。親しい日本人の友達ができると、日本語は早く上達します。一緒に勉強していきましょう。

课文单词

❶	若者 ⓪ _{わかもの}	【名】	young people, youth	年轻人，青年
❷	珍しい ④ _{めずら}	【形】	rare	稀奇的，少见的
❸	大半 ⓪ _{たいはん}	【名・副】	mostly	大半，多半，大部分
❹	アメリカ ⓪	【名】	America	美国
❺	ヨーロッパ ③	【名】	Europe	欧洲
❻	近頃 ② _{ちかごろ}	【名・副】	lately, recently	最近，近来
❼	増える ② _ふ	【自一】	increase	增加，增多
❽	伝統 ⓪ _{でんとう}	【名】	tradition, convention	传统
❾	経済 ① _{けいざい}	【名】	economy	经济
❿	発展 ⓪ _{はってん}	【名・自サ】	development, growth	发展，扩展
⓫	関心 ⓪ _{かんしん}	【名】	concern; interest	关心；感兴趣
⓬	持つ ① _も	【他五】	hold	持，拿
⓭	一生懸命 ⑤ _{いっしょうけんめい}	【名・形動】	with all one's might	拼命，努力
⓮	思う ② _{おも}	【他五】	think; feel	想，思考；觉得
⓯	書く（描く）① _か	【他五】	write; draw	写；画
⓰	けれど ①	【接】	however	可是，但是，然而（也说「けど・けれども」）
⓱	正しい ③ _{ただ}	【形】	correct	正确，对
⓲	発音 ⓪ _{はつおん}	【名・他サ】	pronunciation	发音
⓳	かなり ①	【副】	fairly, quite	很，相当
⓴	困難だ ① _{こんなん}	【名・形動】	difficulty	难，困难
㉑	皆さん ② _{みな}	【名・代】	everyone	大家，诸位，各位
㉒	交流 ⓪ _{こうりゅう}	【名・自サ】	(cultural) exchange	交流，往来
㉓	親しい ③ _{した}	【形】	intimate, close	亲近，亲密
㉔	早い（速い）② _{はや はや}	【形】	early; quick	早的；快的，快速的
㉕	上達 ⓪ _{じょうたつ}	【名・自サ】	make progress, improve	进步，提高

会话

登場人物（とうじょうじんぶつ）

孫可（そんか）：１９歳（じゅうきゅうさい）、女性（じょせい）、中国人大学生（ちゅうごくじんだいがくせい）

佐々木明日香（ささきあすか）：２３歳（にじゅうさんさい）、女性（じょせい）、日本人留学生（にほんじんりゅうがくせい）

◆二人（ふたり）は話（はなし）をしている

孫：日本語（にほんご）の勉強（べんきょう）は大変（たいへん）ですね。

佐々木（ささき）：孫（そん）さん、どうしたんですか。元気（げんき）がないですね。

孫（そん）：テストの点（てん）があまりよくなかったんです。

佐々木（ささき）：８６点（はちじゅうろくてん）ですか。悪（わる）くないですよ。

孫（そん）：来学期（らいがっき）、交換留学（こうかんりゅうがく）に行（い）こうと思（おも）っているんです。けれども、こんな成績（せいせき）では無理（むり）ですよね。

佐々木（ささき）：そんなことないですよ。今（いま）から努力（どりょく）すれば、きっと大丈夫（だいじょうぶ）ですよ。

会话单词

❶ 大変（たいへん）だ ⓪	【形動】	difficult	不容易，费力
❷ 元気（げんき） ①	【名】	energy, vitality	精神，精力，朝气
❸ テスト ①	【名・他サ】	test	测验，考试

❹	点 ⓪ てん	【名・接尾】	point	分数，评分
❺	悪い ② わる	【形】	bad, evil; wrong	坏的，恶劣的；错的
❻	来〜 ⓪ らい	【接头】	next	来，下次
❼	学期 ⓪ がっき	【名】	(school) term	学期
❽	交換 ⓪ こうかん	【名・他サ】	exchange, interchange	交换，交互
❾	成績 ⓪ せいせき	【名】	result	成绩，成果
❿	無理だ ① む り	【名・形動】	impossible; unreasonable	勉强，难以办到；无理，不合理
⓫	努力 ① ど りょく	【名・自サ】	effort	努力
⓬	きっと ⓪	【副】	surely	一定，必定
⓭	大丈夫だ ③ だいじょうぶ	【形動】	all right	没问题，不要紧

 记一记

❶ 鉄腕アトム ⑤ 铁臂阿童木
てつわん

❷ ドラえもん ⓪ 哆啦A梦（机器猫）

❸ キャプテン翼 ①+⓪ 足球小将
つばさ

❹ 聖闘士星矢 ⑤ 圣斗士星矢
セイントセイヤ

❺ スラムダンク ④ 灌篮高手

❻ NARUTO-ナルト ⓪ 火影忍者

❼ ドラゴンボール ⑤ 七龙珠

❽ ONE PIECE ③ 航海王

❾ 美少女戦士セーラームーン ⑤+⓪ 美少女战士
び しょうじょせん し

❿ クレヨンしんちゃん ⑤ 蜡笔小新

⓫ 一休さん ① 聪明的一休
いっきゅう

⓬ ちびまる子ちゃん ③ 樱桃小丸子
こ

⓭ 名探偵コナン ③+① 名侦探柯南
めいたんてい

⓮ 千と千尋の神隠し ①+⓪+③ 千与千寻
せん ち ひろ かみかく

⓯ ミュータント・タートルズ ①+① 忍者神龟

⓰ となりのトトロ ⓪+① 龙猫

⓱ トランスフォーマー ⑤ 变形金刚

语法解说

1 动词推量形

推量形是日语动词活用的一种形式，表示说话人要进行该动作、行为的决心、意志，或是向对方进行号召、劝诱。

五段动词的推量形是将词尾的ウ段假名变为与其在五十音图上同一行的才段假名，一段动词的推量形是去掉词尾的「る」，サ变动词的推量形是将「する」变为「し」，力变动词的推量形是将「来る」变为「来」。主要用法是后接推量助动词「う」或「よう」（五段动词推量形后接「う」，其他动词推量形后接「よう」）。「ます」的推量形是「ましょう」。

各类动词推量形的活用形式和词例请参照下表。

分 类		词例	词干	推量形	后接「う」或「よう」
五段动词	カ行	書く	か	かこ	かこう
	ガ行	泳ぐ	およ	およご	およごう
	サ行	話す	はな	はなそ	はなそう
	タ行	立つ	た	たと	たとう
	ナ行	死ぬ	し	しの	しのう
	バ行	呼ぶ	よ	よぼ	よぼう
	マ行	読む	よ	よも	よもう
	ラ行	ある	あ	あろ	あろう
	ワ行	合う	あ	あお	あおう
一段动词		起きる	お	おき	おきよう
		教える	おし	おしえ	おしえよう
サ变动词		する	○	し	しよう
力变动词		来る	○	こ	こよう

◆ 中国語を一生懸命勉強しようと思っている。／想要努力学习汉语。

◆ わたしがご飯を作ろう。／我来做饭吧。

◆ 明日はもっと早く起きよう。／明天要起得更早。

◆ 予算をもっと減らそう。／再减少一些预算吧。

◆ コンビニに行ってみようか。／去便利店看一看如何?

◆ みんなで一緒に遊ぼう。／大家一起玩儿吧。

◆ 一緒に買い物に行こう。／一起去买东西吧。

※ 以上词尾变化中所加的「う」「よう」均为助动词。

2 ～てくる（～ていく）／……过来(……下去)

接续: 动词第二连用形＋てくる（ていく）

解说: 本句型表示动作、行为发展的趋势。「～てくる」表示由远及近的移动
或动作、行为从过去到现在的发展趋势，可译为"……起来""……过
来"。「～ていく」表示由近及远的移动或动作、行为从现在到以后的发
展趋势，可译为"……下去"。

◆ 日本人の大半は、今までアメリカやヨーロッパなどに留学してきました。／
（去留学的）日本人大都是去了欧美等国留学。

◆ その魚は遠くから泳いできました。／那条鱼从远处游了过来。

◆ 学校で学んできたマッサージの方法を人に伝えようとします。／想把在学校学
来的按摩技术传授于人。

◆ ずっと前から考えてきた事を話します。／说出思考了很长时间的事情。

◆ 鳥はどんどん遠くに飛んでいきます。／鸟渐渐飞向远方。

◆ 大学を卒業してからも日本語を勉強していきたいです。／大学毕业后还想继
续学日语。

※ 本句型中「くる」和「いく」是作为补助动词出现的（「て」后接「くる」「い
く」），在使用中其动词属性不变。

3 ～にとって／对……来说

接续：体言＋にとって

解说：本句型由助词「に」和动词「とる」的连用形构成，表示判断或评价的基准。

- ◆ 漢字がわかる日本人にとって、中国語を読んだり、書いたりすることはあまり難しくありません。／对于了解汉字的日本人来说，汉语读写并不是太难。
- ◆ 今の若者にとって、留学は珍しいことではありません。／对于现在的年轻人来说，留学不是新鲜事。
- ◆ この問題はわたしにとって、とても難しいことです。／这个问题对我来说很难。
- ◆ 勉強は子供にとって、大切です。／学习对于孩子来说很重要。

4 ～ようだ／像……，好像……

接续：用言连体形、体言の＋ようだ

解说：「ようだ」是形容动词型助动词。

① 表示委婉的、不确切的判断和推测。

- ◆ 中国語を正しい発音で話すことはかなり困難なようです。／用正确的发音说汉语似乎是相当困难的。
- ◆ 部屋にだれかいるようですね。／房间里好像有人。

②表示比喻。

- ◆ まだ1月なのに、暖かくてまるで春のようです。／还是一月份，却暖和得像春天一样。
- ◆ ここから見ると、家も車もおもちゃのようです。／从这里看下去，房子和汽车都像玩具一样。

③ 表示列举。

◆ 彼女のような女性になりたいです。／想成为像她那样的女子。

※「ようだ」的活用形式与形容动词的活用形式相同。

5 形式体言 こと・もの・の（ん）

接续：用言连体形＋こと・もの・の（ん）

解说：形式体言不表示具体的概念。其作用是接在用言连体形后，使该用言具有体言的性质。

① 形式体言「こと」泛指事情。

◆ 買い物が簡単なのはいいことです。／购物简便是好事情。
◆ 冬は雪が降ることが多いです。／冬季下雪比较多。
◆ お茶を飲みながら新聞を読むことが好きです。／喜欢边喝茶边看报。

② 形式体言「の」泛指人、物、事。口语中，如果以「～のです」的形式出现在句末，经常说成「～んです」。

◆ 眼鏡をかけている、髪の短いのがわたしです。／戴着眼镜、留短发的人就是我。
◆ わたしは田中さんがそこで雑誌を読んでいるのを見ました。／我看见田中在那里看杂志。
◆ ダイエットに失敗したのは、運動しなかったからです。／减肥失败是因为没运动。

③「もの」多指物或人。

◆ 時間の経つのは本当に速いものです。／真是时光如梭。

※ **此外，「用言連体形＋もの＋だ」的形式有以下用法。**

① 表示事物的必然结果，这种事物多具有常识性、倾向性、规律性。

> ◆ 赤ん坊は泣くものです。／婴儿啼哭是正常的。
> ◆ 腐ったものを食べると、腹をこわすものです。／吃变质的食物会闹肚子的。

② 对某事物表示感叹，带有赞叹、惊讶等语感。

> ◆ 時がたつのは本当に速いものです。／时间过得真快啊！
> ◆ 知らない国を旅して、知らない人に会うのは楽しいものです。／到陌生的国家去旅行，接触素不相识的人多有趣啊！

6 ～（よ）うと思う／想……，打算……

接续：动词推量形＋（よ）うと思う

解说：本句型由「（よ）う」（助动词）、「と」（助词）、「思う」（动词）构成，表示想要做某事的愿望。

> ◆ 日本の若者と交流しようと思いませんか。／想和日本年轻人交流吗？
> ◆ お正月には、温泉に行こうと思います。／过年的时候想去温泉。
> ◆ 来年はもっと頑張ろうと思っています。／明年打算更加努力。
> ◆ 今の仕事を辞めようと思っています。／想把现在的工作辞了。

相关词语

上達⓪	➡ 地上⓪、上司①、上流⓪、上等⓪、上品③
一生懸命⑤	➡ 命令⓪、任命⓪、革命⓪、救命⓪、宿命⓪
発音⓪	➡ 音訳⓪、音読⓪、濁音⓪、促音②、録音⓪

练习

一　词汇练习

❶ 请按照日语词典中词条的排列顺序，为下列各组词语排序。

例　混雑　　後輩　　言葉　　経済　→　経済　　後輩　　言葉　　混雑

① 難しい　　楽しい　　珍しい　　正しい　→

② 関係　　　交差点　　交流　　　観光　　→

③ 分かる　　割に　　　若者　　　早稲田　→

④ 食料品　　周辺　　　情報　　　上下　　→

⑤ 早め　　　始める　　話す　　　博物館　→

⑥ 迎える　　思う　　　学ぶ　　　曲がる　→

⑦ 複雑　　　降る　　　増える　　違う　　→

❷ 请将下列每题所给假名组成一个日语词，并选出正确的中文释义，把选项序号填入括号中。

① (　　)　　う　こ　ん　か

② (　　)　　た　し　し　い

③ (　　)　　だ　し　い　た

④ (　　)　　い　ざ　い　け

⑤ (　　)　　ん　と　で　う

A. 经济　　　B. 正确　　　C. 传统　　　D. 亲近　　　E. 交换

二　语法练习

❶ 请按要求写出下表中动词的活用形。

基本形	未然形	第一连用形	第二连用形	终止形	连体形	假定形+ば	推量形+(よ)う
行く							
思う							
学ぶ							
増える							

（续表）

基本形	未然形	第一连用形	第二连用形	终止形	连体形	假定形+ば	推量形+(よ)う
上達する							
来る							

❷ 请参照示例，将下列日语汉字分别后接A组的各行假名和B组的内容，使之成为动词的活用形。

歩 話 買 学 持 飲 帰

A：か き く け こ
さ し す せ そ
た ち つ て と
ば び ぶ べ ぼ
ま み む め も
ら り る れ ろ
わ い う え お
B：ない ／ ます ／ こと ／ ば ／ と思う

例 歩→か き く け こ
→歩かない 歩きます 歩くこと 歩けば 歩こうと思う

① 話→
　　→

② 買→
　　→

③ 学→
　　→

④ 持→
　　→

⑤ 飲→
　　→

⑥ 帰→
　　　　→

❸ 请从下列词语中选取适当的动词，将其变为第一连用形形后填在下划线上
（每个动词只使用一次）。

> 見る　　歩く　　掛かる　　見える　　思う　　書く　　ある　　増える

① この店は美味しいと＿＿＿＿＿ます。
② 王さんは毎日、大学まで＿＿＿＿＿ます。
③ 中国語を勉強する外国人がたくさん＿＿＿＿＿ました。
④ 日本史の勉強は、二年も＿＿＿＿＿ました。
⑤ 日本人も漢字を＿＿＿＿＿ます。
⑥ 日本文化に関心が＿＿＿＿＿ます。
⑦ そこのビルから東京駅が＿＿＿＿＿ます。
⑧ 動物園でパンダを＿＿＿＿＿ました。

三　句型練習

❶ ＿＿＿＿＿てきます（てきました）・ていきます（ていきました）。

> a. バスが走る[1]

> b. 食堂が混む

> c. これからも日本語を勉強する

❷ ＿＿＿＿＿にとって＿＿＿＿＿は＿＿＿＿ことです/ではありません。

> a. 私　　　日本語の勉強　　難しい

> b. 母　　　部屋の掃除　　　複雑だ

> c. 留学生　漢字の発音　　　簡単だ

❸ A：今度の土曜日にどんな計画²がありますか。

B：私は＿＿＿＿＿＿＿＿と思っています。

a. 友達と買い物に行く

b. 部屋の掃除をする

c. 図書館で勉強する

❹ ＿＿＿＿が/を/に＿＿＿＿と、＿＿＿＿が＿＿＿＿ます。

a. 日本語　　できる　　日本人と話すこと　　できる

b. 練習　　する　　発音　　上達する

c. 8時　　なる　　授業　　始まる

❺ ＿＿＿＿＿＿＿が＿＿＿＿＿＿ようです。

a. 日本語の勉強　　難しい

b. あのレストラン　　美味しい

c. この町　　賑やかだ

単词
1 走る②【自五】跑；（车）开，行驶　　2 計画⓪【名・他サ】计划，谋划，规划

四　场景练习

❶ 请使用表中所给词语，参照示例和同学完成会话（注意练习句末的「～んです」这一口语化表达方式）。

<table>
<tr><td colspan="2" align="center">夏休み¹/冬休み²の計画</td></tr>
<tr><td>水泳</td><td>学ぶ³</td></tr>
<tr><td>スペイン⁴語</td><td>勉強する</td></tr>
<tr><td>東京</td><td>旅行する</td></tr>
</table>

例

Ⓐ Bさんは今度の夏休み（冬休み）どうするつもりですか。

Ⓑ 家族と旅行に行こうと思ってるんです。

Ⓐ それはいいですね。

❷ 请对比下列两幅图，理解日语中事物"变化结果"和"变化过程"的表达方式有何不同。请参照示例，利用A、B两组所给出的参考词汇进行组合练习，尝试更多的表达方式。

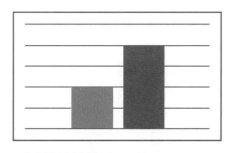 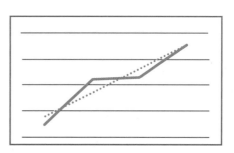

例　日本人観光客⁵が増えました。　　日本人観光客が増えてきました。

A：町・日本語の勉強・日本人観光客・生活・平均⁶寿命⁷・人々の収入⁸・経済

B：変わる⁹・伸びる¹⁰・増える・減る¹¹・成長¹²する・難しくなる・綺麗になる・便利になる

> 单词
>
> 1 夏休み③【名】暑假
> 2 冬休み③【名】寒假
> 3 学ぶ⓪【他五】学，学习
> 4 スペイン②【名】西班牙
> 5 客⓪【名】客，客人；顾客
> 6 平均⓪【名・自他サ】平均
>
> 7 寿命⓪【名】寿命
> 8 収入⓪【名】收入，所得
> 9 変わる⓪【自五】变化，改变
> 10 伸びる②【自一】(势头)扩大；增加；发展
> 11 減る⓪【自五】减，减少
> 12 成長⓪【名・自サ】增长

五 阅读练习

下图是对日本高中生进行的"何时开始学习使用电脑"的调查的统计结果。请仔细确认图中的信息，根据数据增减将「減る、増える」的适当形式填入①—④的括号中。

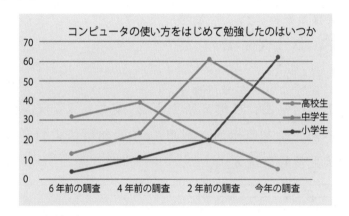

【コンピュータ¹の教育】

① 高校の時にはじめてコンピュータの使い方を勉強した人は、4年前からだんだん²（減ってきました）。今年は4年前の4分の1になりました。将来、もっと³（　　　　　　　　　）だろうと思います。

② 中学校ではじめて勉強した人は、2年前まで増えていましたがそれ以降⁴少し⁵ずつ⁶（　　　　　　　　　）。将来も（　　　　　　　　　）だろうと思います。

③ 小学校ではじめて勉強した人は、2年前まで少しずつ増えていました。そして、2年前から急に⁷（　　　　　　　　　）。将来、もっと（　　　　　　　　　）だろうと思います。

④ このグラフ⁸によると、小学校でコンピュータを勉強する人が、どんどん⁹

（　　　　　　　　　　）。これからはもっと（　　　　　　　　　）だろう
と思います。

> 单词
>
> **1** コンピュータ③【名】计算机，电脑　　　　　**6** 〜ずつ【副助】每，各，各自
>
> **2** だんだん⓪【副】渐渐　　　　　　　　　　**7** 急に⓪【副】忽然，突然，骤然
>
> **3** もっと①【副】更，更加　　　　　　　　　　**8** グラフ①【名】图表；画报
>
> **4** 以降①【名】以后，之后　　　　　　　　　　**9** どんどん①【副】连续不断，接二连三
>
> **5** 少し②【副】稍稍，少许，一点

六　听力练习 🔊

❶ 次の会話を聞いて質問に答えてください。

　　質問：最近、日本人の留学は増えていますか。

　　① 日本人の海外留学は増えています。

　　② 日本人の海外留学は増えていません。

　　③ 日本人のアメリカ留学は増えています。

　　④ 日本人の中国留学は増えていません。

> 单词
>
> **1** 海外①【名】海外，国外

❷ 次の文を聞いて質問に答えてください。

　　質問：中国に来るのは何回目ですか。

　　① 一回目　　　② 二回目　　　③ 三回目　　　④ たくさん

> 单词
>
> **1** 〜回①【接尾】……回，……次

东渡日本的中国人

中日两国隔海相望，历史上，日本从中国学习了各种典章制度等，并逐步形成了日本特有的文化和社会制度。同时作为中日友好交流的使节，有很多中国人扬帆东渡，到达日本。

早在隋代，中国就向日本派出了第一个访问使团。据《隋书·东夷传》记载，由于隋朝佛教兴盛，日本曾派使者入隋学习佛法。在隋炀帝大业三年（607年），日本使者小野妹子入隋朝贡，次年到达长安。608年，隋炀帝派遣裴世清率团访日，小野妹子随行。这是有清晰记载的首个访日使团。裴世清访日时间长达几个月之久，现在有说法认为裴世清的访日，是推动日本"大化改新"的重要外部因素，对日本历史发展起到了促进作用。

与裴世清访日相比，更广为人知的，是民间关于徐福东渡的传说。相传在两千多年前，徐福受秦始皇之令，率三千童男童女、携五谷百工等渡海寻药。《史记》中虽有徐福去蓬莱三岛寻药的记载，但是并未说他到过日本。此后的《汉书》《后汉书》等史料，也都曾提及徐福。日本传说中，徐福在和歌山县一带登陆，并一直居住在那里。至今和歌山县新宫市附近还有徐福墓，是该地的一大景观。传说徐福东渡的时期，正是日本接受中国先进文化、生产力突飞猛进的阶段。

与徐福的传说不同，唐代扬州大明寺的高僧鉴真东渡，是有据可考的确凿事实。鉴真在日本被称为"唐大和尚"，他先后六次渡海，历经艰难困苦，最终以66岁的高龄东渡成功，受到日本朝野的欢迎，并在奈良东大寺为日本包括圣武天皇在内的几百人授戒。他晚年和弟子们建造的"唐招提寺"，集盛唐时期建筑、雕刻、造像和绘画艺术之大成，是日本的名胜古迹，也是日本的国宝。

课文会话译文

第2课　留学中国的日本人

课文

　　对于日本的年轻人来说，留学不是新鲜事。迄今为止，（去留学的）日本人大都是去了欧美等国留学。但是近年来，去中国留学的人逐渐增多。

　　来中国的日本留学生中，有很多人对中国的传统文化和经济发展情况感兴趣，他们想要努力学习汉语。对于了解汉字的日本人来说，汉语读写并不是太难，不过用正确的发音说汉语似乎是相当困难的。

　　在中国学习日语的各位同学，想和这样的日本年轻人交流吗？如果有了很亲近的日本朋友，日语会进步得很快。一起学起来吧。

会话

登场人物：

孙可（女），19岁，中国大学生

佐佐木明日香（女），23岁，日本留学生

◆两个人在谈话

　　孙：日语学习可真难啊！

佐佐木：小孙，怎么啦？无精打采的样子。

　　孙：考试成绩不太好。

佐佐木：86分啊，不赖嘛。

　　孙：我打算下学期去交换留学的，可是这样的成绩恐怕不行啊。

佐佐木：不会的。现在开始努力学习一定没问题的。

だいさんか
第3課　だんそんじょひ　くに
男尊女卑の国？

课文

　古い日本の映画では、威張った夫とおとなしい妻がよく出てきます。夫が仕事から帰ると、家では必ず妻が迎えます。夫はよく妻に、「飯、風呂、寝る」と言います。これは「ご飯を用意しろ」「風呂に入る」「先に寝る」という意味です。

　このような古い日本の映画を見た外国の人は、日本は男尊女卑の国だと思うかもしれません。「日本の女性はかわいそうだ」「日本の男性とは結婚したくない」、こんな話もよく聞きます。

　しかし、昔の世代と今の世代では考え方がかなり違います。日本人の女性が勉強して大学に行き、男性と一緒に一生懸命仕事をすることは珍しいことではなくなりました。日本人の男性は仕事だけでなく、家事もしなければなりません。今の日本社会は、もう昔とは違うのです。

课文单词

❶	男尊女卑⑤ _{だんそんじょひ}	【名】	predominance of men over women, male chauvinism	男尊女卑
❷	古い② _{ふる}	【形】	(not used for people) old	旧的，古老的
❸	映画① _{えい が}	【名】	film, movie	电影
❹	威張る② _{い ば}	【自五】	be proud, swagger	逞威风，摆架子
❺	夫⓪ _{おっと}	【名】	(humble) husband	丈夫
❻	大人しい④ _{おと な}	【形】	obedient, gentle	温顺的，文静的
❼	妻① _{つま}	【名】	(humble) wife	妻子
❽	よく①	【副】	often	经常，屡次
❾	仕事⓪ _{し ごと}	【名】	job	工作，职业
❿	帰る（返る）① _{かえ　　 かえ}	【自五】	go back; return	回，回来，回去；返还
⓫	必ず⓪ _{かなら}	【副】	certainly	一定，必定
⓬	飯② _{めし}	【名】	meal, food	饭
⓭	風呂② _{ふ ろ}	【名】	bath	洗澡水；澡堂，浴池
⓮	寝る⓪ _ね	【自一】	go to bed, sleep	睡觉，卧床
⓯	ご飯① _{はん}	【名】	meal; cooked rice	饭，餐；米饭
⓰	用意① _{よう い}	【名・自他サ】	preparation	准备，预备
⓱	入る① _{はい}	【自五】	enter	进，入，进入
⓲	先に⓪ _{さき}	【副】	before, previously	先……，首先
⓳	意味① _{い み}	【名・自他サ】	meaning	意思，意味，意义
⓴	女性⓪ _{じょせい}	【名】	female	女性
㉑	可哀相だ④ _{かわいそう}	【形动】	pitiable, pathetic	可怜的
㉒	男性⓪ _{だんせい}	【名】	male	男性
㉓	結婚⓪ _{けっこん}	【名・自サ】	marriage	结婚
㉔	聞く（聴く）⓪ _{き　　 き}	【他五】	hear, listen to; ask	听，听到；问，询问
㉕	昔⓪ _{むかし}	【名】	olden days	从前，往昔
㉖	世代① _{せ だい}	【名】	generation	代，辈，某个年龄层

㉗	考_{かんが}える ③ 【他一】	consider	想，思考，认为
㉘	違_{ちが}う ⓪ 【自五】	differ; be wrong	不同，不一样；错

会话

登場人物_{とうじょうじんぶつ}

山口直樹_{やまぐちなおき}：３４歳_{さんじゅうよんさい}、男性_{だんせい}、松本_{まつもと}さんの先輩_{せんぱい}

胡宇_{こう}：２７歳_{にじゅうななさい}、男性_{だんせい}、山口_{やまぐち}さんの友達_{ともだち}

松本大輔_{まつもとだいすけ}：２９歳_{にじゅうきゅうさい}、男性_{だんせい}、山口_{やまぐち}さんの後輩_{こうはい}

◆居酒屋_{いざかや}で話_{はなし}をしている

山口_{やまぐち}：取_とり敢_あえず乾杯_{かんぱい}しよう。

山口_{やまぐち}・胡_こ・松本_{まつもと}：はい、乾杯_{かんぱい}！

山口_{やまぐち}：胡_こさん、大学_{だいがく}の後輩_{こうはい}を紹介_{しょうかい}するよ。おい、松本_{まつもと}、自己紹_{じこしょう}介_{かい}しようよ。

松本_{まつもと}：はじめまして、松本大_{まつもとだい}輔_{すけ}です。中国語_{ちゅうごくご}を勉強_{べんきょう}するために来_きました。どうぞよろしくお願_{ねが}いします。

胡_こ：胡_こです。よろしくお願_{ねが}いします。山口_{やまぐち}さんとは友達_{ともだち}の紹介_{しょうかい}で知_しり合_あいました。

山口_{やまぐち}：胡_こさんの日本語_{にほんご}は上手_{じょうず}だろう。松本_{まつもと}も中国語_{ちゅうごくご}をもっと頑_{がん}

　　　　張<ruby>ば</ruby>れよ。

<ruby>まつもと</ruby>
松本：はい、先輩<ruby>せんぱい</ruby>。胡<ruby>こ</ruby>さん、これからよろしくね。

　　胡<ruby>こ</ruby>：山口<ruby>やまぐち</ruby>さん、いつもとちょっと違<ruby>ちが</ruby>いますね。これが日本<ruby>にほん</ruby>の上<ruby>じょう</ruby>

　　　　下<ruby>げ</ruby>関係<ruby>かんけい</ruby>でしょうか。

会话单词 🔊

❶	取り敢えず<ruby>とりあ</ruby> ③	【副】	first of all; for the time being	首先；暂且
❷	乾杯<ruby>かんぱい</ruby> ⓪	【名・自サ】	toast	干杯
❸	後輩<ruby>こうはい</ruby> ⓪	【名】	junior	师弟（妹），学弟（妹）（同一学校或工作单位的后来者）
❹	紹介<ruby>しょうかい</ruby> ⓪	【名・他サ】	introduction	介绍
❺	おい ①	【感】	hey	喂，哎（男性用语，对同辈或晚辈使用）
❻	～合う<ruby>あ</ruby> ①	【接尾】		互相，相互
❼	上手だ<ruby>じょうず</ruby> ③	【形动】	skillful	擅长，拿手
❽	もっと ①	【副】	more	更，更加
❾	頑張る<ruby>がんば</ruby> ③	【自五】	do one's best	努力，全力以赴
❿	先輩<ruby>せんぱい</ruby> ⓪	【名】	senior	学长（姐），师兄（姐）（比自己先入学、先到工作岗位的人）
⓫	上下<ruby>じょうげ</ruby> ①	【名・自他サ】	high and low, up and down	上下
⓬	関係<ruby>かんけい</ruby> ⓪	【名・自サ】	relationship	关系，联系

记一记

① 肩を持つ ①＋① 支持；袒护

② 頭に来る ⓪＋① 生气，发火

③ 骨が折れる ②＋② 费力气，费劲

④ 鼻が高い ⓪＋② 骄傲，傲慢

⑤ 目にする ①＋⓪ 看，看见

⑥ 耳にする ②＋⓪ 听

⑦ 首になる ⓪＋① 被解雇

⑧ 手が届く ①＋② 够得到；力所能及

⑨ 腹が立つ ②＋① 生气，恼怒

⑩ 胸が痛む ②＋② 悲伤，难过

语法解说

❶ 日语的简体

在日语中，以「です」「ます」等形式结句的文体被称为敬体。与此相对，还有一种以用言或助动词的终止形结句的文体，被称为简体。在对话中，简体一般用于"上对下"或比较亲密的人际关系中，如果对不太亲密的人使用，就会显得有失礼节。另外，简体还经常用于日记、新闻、小说及论文等书面语中。

> ◆ さあ、乾杯しよう。／来，干杯吧。
> ◆ 胡さんの日本語は上手だろう。／小胡的日语很好吧。
> ◆ あの人はわたしの友達だ。／那个人是我的朋友。
> ◆ 今日もあまり寒くない。／今天也不太冷。
> ◆ わたしも買い物に行きたい。／我也想去买东西。
> ◆ この大学では外国語を重視している。／这所大学重视外语。
> ◆ もう八時になった。／已经八点了。

※「でしょう」的简体是「だろう」。

❷ 动词命令形

命令形是日语动词活用的一种形式，表示强硬的指示或命令，不能对上级、长辈等使用。

五段动词的命令形是将词尾的ウ段假名变为其在五十音图上同一行的エ段假名。一段动词的命令形是去掉词尾的「る」加上助词「ろ」或「よ」。サ变动词的命令形是将「する」变为「しろ」或「せよ」。カ变动词的命令形是将「来る」变为「来い」。

各类动词命令形的活用形式和词例请参照下表。

分类	例词	词干	命令形
五段动词	歌う	うた	うたえ
一段动词	起きる	お	おきろ（おきよ）
サ变动词	する	○	しろ（せよ）
カ变动词	来る	○	こい

※ 一段动词和サ变动词的命令形有两种形式，如「起きる→起きろ（起きよ）」「する→しろ（せよ）」。其中「起きろ」和「しろ」的形式多用于口语中，「起きよ」和「せよ」的形式一般用于文章中。

◆ ご飯を用意しろ。／做饭吧！
◆ 早く言え。／快说！
◆ よく勉強しろ。／好好学习！
◆ もう一度読め。／再读一遍！
◆ すぐに起きろ。／马上起床！
◆ 早く持って来い。／快拿过来！

3 ～という～／这种……，这样的……，称作……

接续：体言、句子＋という＋体言

解说：本句型由「と」（助词）和「言う」（动词）构成，表示归纳要叙述或说明的内容。翻译成中文时，有时未必有能够与该句型完全对应的表达。

◆ これは「ご飯を用意しろ」「風呂に入る」「先に寝る」という意味です。／这些（话）的意思是"准备饭菜""我要洗澡""我先睡了"。
◆ そこには、鯨という動物の写真も沢山あります。／那里还有好多鲸鱼这种动物的照片。
◆ いつ、誰と結婚するかということについてはまだ考えていません。／我还没想过什么时间、和谁结婚这样的问题。
◆ なるべく早く正式な選手として試合に参加したいという気持ちはよく解ります。／很能理解他（她）想尽早作为正式运动员参加比赛的心情。
◆ 電車に乗ると、「携帯電話はご遠慮ください」という放送が聞こえます。／一上电车，就可以听到"请不要使用手机"这样的广播。
◆ 貧乏というものはつらいです。／贫穷真是令人痛苦。

4 ～かもしれない／也许……，说不定……

接续：动词终止形、形容词终止形、形容动词词干、体言＋かもしれない

解说：本句型由「か」（助词）、「も」（助词）、「知れる」（动词）构成。表示对事
物不确定的判断。

◆ 外国の人は、日本は男尊女卑の国だと思うかもしれません。／外国人可能会认
为日本是一个男尊女卑的国家。

◆ あの記念館で通訳の仕事をしているのは佐々木さんかもしれない。／在那个纪
念馆做翻译工作的人也许是佐佐木。

◆ 明日のパーティー、行くかもしれないし、行かないかもしれない。／明天的聚
会，可能去，也可能不去。

◆ 雨が降るかもしれません。／或许会下雨。

5 〜ため（に）／为了……，因为……

接续：用言连体形、体言の＋ため（に）

解说：「〜ため（に）」由「為」（名词）和「に」（助词）构成。

① 表示前项是后项的目的或目标。相当于汉语的"为了……"。

◆ 松本さんは中国語を勉強するために来ました。／松本为学汉语而来的。

◆ 何のためにそんな話をしたのですか。／为了什么说出那种话呢？

◆ 父のような医師になるために、今医学を勉強している。／为了成为一名父亲那
样的医生，现在正学习医学。

◆ 人は食べるために生きるのではなく、生きるために食べるのです。／人并非为
了吃饭而活着，而是为了活着而吃饭。

◆ 家族のために一生懸命仕事をする。／为了家人努力工作。

② 表示前项是后项的原因，相当于汉语的"因为……"。「ため」前面如果是动
词，则该动词常以过去式出现。

◆ 夕べ徹夜をしたため、頭がふらふらしています。／因为昨天晚上熬夜了，现
在有些头晕。

◆ 寝不足のために、あくびが出ます。／因为睡眠不足打哈欠。

◆ 父親が頑固なため、みんな困っています。／由于父亲很固执，大家都很为难。

6 ～だけ／只……，仅……

接续：体言、用言连体形＋だけ

解说：「だけ」（助词）表示限定某种范围，相当于汉语的"只……""仅……"。

◆ 日本人の男性は仕事だけでなく、家事もしなければなりません。／日本的男性不仅要工作，也必须做家务。

◆ このクラスでは清水さんだけが男性です。／这个班只有清水一个男生。

◆ あの人は口だけで、何も仕事をしない。／那个人光说不干。

◆ 彼女は可愛らしいだけで頭はそんなによくない。／她只是长得比较可爱，头脑并不那么聪明。

相关词语

女性⓪ ➡ 性質⓪、性格⓪、習性⓪、性別⓪、異性⓪

意味① ➡ 意見①、同意⓪、意外⓪、意義①、敬意①

用意① ➡ 利用⓪、費用①、作用①、応用⓪、使用⓪

练习

一　词汇练习

❶ 请在下划线上填入适当内容，使每题构成一个更完整的意义。

① ＿＿＿＿＿方^{かた}　　② ＿＿＿＿＿学科^{がっか}　　③ ＿＿＿＿＿側^{がわ}

④ ＿＿＿＿＿機^き　　⑤ ＿＿＿＿＿人^{じん}　　⑥ ＿＿＿＿＿語^ご

⑦ ＿＿＿＿＿中^{ちゅう}　　⑧ ＿＿＿＿＿店^{てん}　　⑨ ＿＿＿＿＿員^{いん}

❷ 本课中出现了几组对义词，请参照示例，写出下列词语的对义词。

例　男性^{だんせい}⇔女性^{じょせい}

① 夫^{おっと}⇔　　　② 入^{はい}る⇔　　　③ 後輩^{こうはい}⇔

④ 複雑^{ふくざつ}だ⇔　　⑤ 先^{さき}⇔　　　⑥ 近^{ちか}い⇔

⑦ 左側^{ひだりがわ}⇔　　⑧ 行^いく⇔　　　⑨ 多^{おお}い⇔

二　语法练习

❶ 请按要求写出下表中动词的活用形。

第一连用形	基本形	终止形	简体过去式	命令形
帰^{かえ}ります				
考^{かんが}えます				
入^{はい}ります				
紹介^{しょうかい}します				
行^いきます				
来^きます				

❷ 请从下列词语中选取适当的动词，将其变为命令形后填在下划线上（每个动词只使用一次）。

食^たべる　　聞^きく　　教^{おし}える　　掃除^{そうじ}する　　寝^ねる

① 私^{わたし}の話^{はなし}を＿＿＿＿＿。

② 健康^{けんこう}のため、朝^{あさ}ご飯^{はん}をよく＿＿＿＿＿。

③ ねえ、あなたの日本語の勉強法を＿＿＿＿＿＿。

④ もうこんな時間だ。早く＿＿＿＿＿＿。

⑤ 自分の部屋を自分で＿＿＿＿＿＿。

❸ 请将下列动词变形后与「〜方」相连接，变成与之相应的动作方法。

① 食べる	② 考える	③ 聞く	④ 教える	⑤ 行く
⑥ 勉強する	⑦ 読む	⑧ 言う	⑨ 話す	⑩ 乗る

三 **句型练习**

❶ ＿＿＿＿＿＿＿＿＿＿かもしれません。

> a. 明日、雨が降る

> b. 彼は、仕事を辞める[1]

> c. 彼女は来ていません　病気になった

❷ ＿＿＿＿＿＿＿＿＿ため（に）、＿＿＿＿＿＿＿＿＿ます。

> a. 日本語を勉強する　　教科書を読んでいる

> b. 健康[2]　　　　　毎日野菜[3]を食べている

> c. 家族　　　　　　お金[4]を稼いで[5]いる

❸ ＿＿＿＿＿＿＿＿という＿＿＿＿＿＿＿ます／ました。

> a. うちにタマ　　　　猫がいる

> b. 先ほど[6]、木村さん　　人から電話がある

> c. 母から来月[7]日本へ来る　　手紙[8]が来る

❹ _____だけでなく、_____ます。

a. 彼は日本語　　　中国語もできる

b. 山本さん　　　松本さんも来る

c. 東京　　　大阪にも会社がある

--- 単词 ---

1 辞める⓪【他一】辞职
2 健康⓪【名・形动】健康
3 野菜⓪【名】蔬菜，青菜
4 お金⓪【名】钱

5 稼ぐ②【自他五】挣钱，赚钱
6 先ほど⓪【副】刚才，方才
7 来月①【名】下月，下个月
8 手紙⓪【名】信，书信

四　场景练习

请根据下表中的提示信息，参照示例和同学完成会话（可以根据需要填入自己需要的时间，比如「よく」「来年」「以前」等）。

やること	目的
例 運動する	スポーツ選手になる／健康
①中国に行く	旅行／留学
②日本語を勉強する	観光／ガイドになる
③お金を稼ぐ	車を買う／家を買う

❶

> 例 Ａ 私、毎日運動をしようと思っています。
> Ｂ スポーツ選手になるためですか。
> Ａ いいえ、健康のためです。健康のために、毎日運動をしようと思っているんです。

❷

> 例 Ａ Ｂさん、以前よく運動していましたよね。スポーツ選手になるためでしたか。
> Ｂ いいえ、健康のためでした。健康のために、運動していたのです。

単词

1 運動⓪【名・自サ】运动	**3** 選手①【名】选手，运动员
2 スポーツ②【名】体育，运动	**4** ガイド①【名・他サ】导游

五　阅读练习

请朗读短文，理解文章内容。

【潔い[1]行動[2]】

　今日は、仕事で嫌な[3]ことがありました。新しい[4]上司[5]がとても威張っているのです。仕事の後、真っ直ぐ家に帰りたくないと思いました。調べると、映画の時間には間に合わ[6]ないということがわかりました。だから道の反対[7]側の喫茶店[8]に入りました。アールグレイ[9]という紅茶[10]を注文[11]しました。

　隣の二人の声がうるさかった[12]です。彼氏[13]と彼女でしょう。彼女は「どうして連絡[14]しなかったの！」と厳しい[15]声で言いました。彼氏はすぐに「ごめん」と言いました。

　彼の潔い行動を見て、私は考えました。新しい上司が来てまだ、一日[16]目です。上司も上下関係に厳しいだけかもしれません。明日[17]から、また頑張ろうという気持ち[18]になりました。

单词

[1]	潔い④【形】果断的，干脆的	[10]	紅茶⓪【名】红茶
[2]	行動⓪【名・自サ】行动，行为	[11]	注文⓪【名・他サ】订购，订货
[3]	嫌だ②【形動】讨厌，厌烦	[12]	うるさい③【形】嘈杂的；烦人的
[4]	新しい④【形】新的	[13]	彼氏①【名・代】男朋友
[5]	上司①【名】上司，上级	[14]	連絡⓪【名・自サ】联络，联系
[6]	間に合う③【自五】赶得上，来得及	[15]	厳しい③【形】严的，严格的，严厉的
[7]	反対⓪【名・形動・自サ】相反，反对	[16]	一日④【名】一日，一天
[8]	喫茶店⓪【名】茶馆，咖啡馆	[17]	明日③【名】明天
[9]	アールグレイ⑤【名】伯爵茶	[18]	気持ち⓪【名】心情，情绪

六 听力练习 🔊

❶ 次の会話を聞いて質問に答えてください。

質問：先輩は今夜何をしますか。

① 温泉に行くかもしれません。

② 温泉の用意をするかもしれません。

③ 夜ご飯の後にお酒を飲むつもりです。

④ 寝る前に映画を見るつもりです。

┌─ 単词 ───┐

1 重い⓪【形】重的，沉重的　　　　　**3** ＤＶＤ⑤【名】光盘

2 温泉⓪【名】温泉

└──┘

❷ 次の文を聞いて質問に答えてください。

質問：現代の日本女性はどんな仕事が好きですか。

① 家事

② 仕事

③ 専業主婦

④ 家事が好きな人がいたり、仕事が好きな人がいたり、いろいろです

┌─ 単词 ───┐

1 専業⓪【名】专门从事；专职　　　　**2** 役②【名】角色；任务

└──┘

和服之美

日本的传统民族服装被称为"和服"。其实，和服是相对于明治时期传入日本的西洋服装、即所谓"洋服"而形成的概念。我们通常所说的和服，一般是指「着物」。实际和服的范围往往要大于「着物」，日本人根据穿着的场合来划分和服的种类。

和服主要是由长衣和腰带组成，此外还包括「足袋」（日式布袜）、「肌襦袢」（贴身衬衣）、「裾よけ」（衬裙）、「小物類」（小件配饰）等多种组成部分。和服的款式男女不同，通常男式和服为单色或二三色，纹饰简单，腰带也较窄而短。女式和服则色彩丰富，纹饰复杂，往往有花卉、风景、动物等多种图案，并在后腰位置以宽腰带打结，形成方形、花瓣或蝴蝶形状的装饰。

日本和服受到中国服饰文化的深远影响。上古时代日本的服装窄袖斜襟，与中国古代服装极为相似。奈良时代（710年—794年），日本与中国进一步交流，派出更多使者到中国，学习中国社会文化的方方面面，这一时期的"衣服令"也是模仿中国的制度而制定的，对礼服、朝服等服装进行了规范。到了平安时代（794年—1185年），日本服装的色彩进一步多样化，服装的形式也开始有了新的变化，出现了宽袖、长衣等形式。16世纪中叶的桃山时代，日本开始根据不同场合对服装提出不同的要求。此后，到了江户时代（1603年—1867年），日本的「着物」进入了繁盛时期，现在我们看到的和服，多是这一时期服装特征延续的结果。

在当代的社会生活中，很多日本人依然喜欢穿着和服，尤其日本女性对和服情有独钟。和服款式极为丰富，色彩富于变化，质地也各有不同，是典型的大和民族服装，也是最具有日本特色的文化元素之一。婚丧宴庆、春夏秋冬，不同用途、不同时令，和服都是日本民众的"第一礼服"。

课文会话译文

❀ 第3课 男尊女卑的国家？

课文

　　在日本的老电影中，经常会出现逞威风的丈夫和温顺的妻子。丈夫下班一回到家里，妻子就一定会迎上来。丈夫常常对妻子说"吃饭、洗澡、睡了"，这些话的意思是"准备饭菜""我要洗澡""我先睡了"。

　　看到这样的日本老电影，外国人可能会认为日本是一个男尊女卑的国家。我也常听到有人说"日本的女人真可怜""不想和日本男人结婚"这样的话。

　　可是，老一代人和当今这代人的想法已大不相同。日本的女性通过努力学习进入大学，和男性一道努力工作，这些都不再是稀罕事了。日本的男性不仅要工作，也必须做家务。当今的日本社会已经和从前不一样了。

会话

登场人物：

山口直树（男），34岁，松本的师兄

胡宇（男），27岁，山口的朋友

松本大辅（男），29岁，山口的师弟

◆三个人在小酒馆里的对话

山口：我们先来干一杯吧！

山口、胡、松本：好，干杯！

山口：小胡，我给你介绍一下我大学时候的师弟。喂，松本，做一下自我介绍！

松本：初次见面。我叫松本大辅。为学习汉语而来，请多多关照。

胡　：我姓胡。请多关照。我和山口是通过朋友的介绍相识的。

山口：小胡的日语不错吧！松本，你学汉语要更加努力啊！

松本：好的，师兄。小胡，请多指教。

胡　：山口，你和平时不大一样啊，这就是日本的"上下关系"吗？

もも たろう はなし
桃太郎の 話

能力目标	① 能用日语简要地叙述故事梗概。
	② 掌握日语交际中授受关系的表达方式。
	③ 了解日本民间故事，理解其所蕴含的价值和意义。

语法项目

❶ 授受动词

（あげる・やる・くれる・もらう）

❷ 授受关系补助动词

（～てあげる・～てやる・～てくれる・～てもらう）

❸ ～とは・～というのは

❹ ～なら（ば）

❺ ～の（终助词→疑问；判断）

❻ ～な（あ）（终助词→感叹；愿望）

❼ ～さ（接尾词）

課文

日本には面白い物語がたくさんあり、古い伝説も多い。その中でも、桃太郎の話は特に有名だ。

桃太郎とは、桃から生まれた子供が鬼と戦う話だ。日本の子供は、だれでも一度や二度ぐらい、この話を読んでもらったことがあるだろう。

現代では、桃太郎の話については、違う文化との戦争だという解釈もあるそうだ。しかし、この話を読んだなら、戦争より、勇気とチームワークの大切さを強調しているのがわかるだろう。

人間以外のものが、人の子供を産むという伝説はほかの国にもあるようだ。世界の文化の共通性を子供に教えてあげるのもいいだろう。

 课文单词

❶	桃 ⓪ もも	【名】	peach	桃，桃树
❷	太郎 ① たろう	【名】	Taro; eldest son	太郎（常用于人名）； 长子
❸	面白い ④ おもしろ	【形】	interesting	有趣的，有意思的
❹	物語 ③ ものがたり	【名】	tale, story	故事，传说
❺	伝説 ⓪ でんせつ	【名】	legend	传说
❻	特に ① とく	【副】	particularly, especially	特，特别
❼	生まれる ⓪ う	【自一】	be born	出生，诞生，产生
❽	鬼 ② おに	【名】	ghost, devil	鬼怪，鬼物
❾	戦う ⓪ たたか	【自五】	fight, battle	战斗，斗争
❿	誰 ① だれ	【代】	who	谁
⓫	～度 ど	【名】	time	……回，……次
⓬	戦争 ⓪ せんそう	【名】	war	战争
⓭	解釈 ① かいしゃく	【名・他サ】	explanation, interpretation	解释，说明
⓮	チームワーク④	【名】	teamwork	团队合作，协同工作
⓯	勇気 ① ゆうき	【名】	courage, bravery	勇气
⓰	大切だ ⓪ たいせつ	【形动】	important	要紧，重要
⓱	強調 ⓪ きょうちょう	【名・他サ】	emphasize	强调，极力主张
⓲	人間 ⓪ にんげん	【名】	person, human being	人，人类
⓳	以外 ① いがい	【名】	with the exception of	以外
⓴	産む（生む）⓪ う　　　う	【他五】	produce, give birth (to)	生，产，生下
㉑	他（外）⓪ ほか　ほか	【名】	other; the rest	别的；其他
㉒	共通 ⓪ きょうつう	【名・自サ・形动】	common	共通，共同
㉓	～性 ① せい	【名】	nature	性质，属性

会话

登場人物（とうじょうじんぶつ）

井上翔太（いのうえしょうた）： ２１歳（にじゅういっさい）、男性（だんせい）、日本人大学生（にほんじんだいがくせい）

林洋（はやしひろし）： ２２歳（にじゅうにさい）、男性（だんせい）、日本人大学生（にほんじんだいがくせい）

朱佳玲（しゅかれい）：20歳（はたち）、女性（じょせい）、中国人留学生（ちゅうごくじんりゅうがくせい）

◆井上（いのうえ）さんが猿（さる）のマスクをつけて、食堂（しょくどう）の前（まえ）でチラシを配（くば）っている。そこに林（はやし）さんが通（とお）りかかる。

井上（いのうえ）：林（はやし）さん！こんにちは。

林（はやし）：井上（いのうえ）さん？変（へん）な格好（かっこう）をして、何（なに）をやっているの？

井上（いのうえ）：演劇部（えんげきぶ）が桃太郎（ももたろう）の話（はなし）をやるから、ぜひ見（み）に来（き）てよ。

林（はやし）：面白（おもしろ）そうだね。もちろん見（み）に行（い）くよ。そのチラシ、もらってもいい？

井上（いのうえ）：どうぞどうぞ。二枚（にまい）あげるよ。

（林（はやし）さん、朱佳玲（しゅかれい）さんと会（あ）う）

林（はやし）：朱（しゅ）さん、これを知（し）っている？このチラシを一枚（いちまい）あげるよ。

朱（しゅ）：ありがとう、でも大丈夫（だいじょうぶ）。私（わたし）ももう持（も）っているから。

林（はやし）：えっ！？だれからもらったの？

朱：木村先輩がくれたの。

林：ああ、演劇部のかっこいい人ね。井上さんは猿の役だけ
　　ど、木村さんは桃太郎の役だろうな。

朱：ううん、木村さんは鬼の役だそうだよ。

林：えっ、それはもったいない！

会话单词

❶ 変だ ①	【名・形動】	strange	奇怪，异常	
❷ 格好 ⓪	【名・形動】	appearance	样子，外形，外观	
❸ 演劇 ⓪	【名】	(theatrical) play	演剧，戏剧	
❹ 〜部	【名】	club, department	……部，……团体	
❺ やる ⓪	【他五】	do	做，干，搞，办	
❻ 是非 ①	【副】	by all means	务必，一定	
❼ 勿論 ②	【副】	of course	当然，不用说	
❽ チラシ ⓪	【名】	handbill	传单	
❾ 〜枚	【接尾】	piece	……张，……片，……枚（扁平物体的量词）	
❿ 猿 ①	【名】	monkey	猴子，猿猴	
⓫ 役 ②	【名】	role, part; duty	角色；任务	
⓬ ううん ②⓪	【感】	no	不，不是	
⓭ もったいない ⑤	【形】	wasteful	可惜的，浪费的	

记一记

① がぶがぶ ① 咕嘟咕嘟

② だぶだぶ ⓪（衣服）肥肥大大

③ のろのろ ① 慢吞吞

④ ねばねば ① 黏糊糊

⑤ きらきら ① 一闪一闪

⑥ じろじろ ① 死盯着（看）

⑦ ぶつぶつ ① 嘟哝；发牢骚

⑧ ざらざら ⓪① 粗糙；哗啦哗啦

⑨ わんわん ① 汪汪

⑩ にゃあにゃあ ① 喵喵

语法解说

1 授受动词 あげる（やる）・くれる・もらう

接续：体言を＋あげる（やる）・くれる・もらう

解说：以上四个动词都是他动词，表示人际交往时的授受行为。相当于汉语的
"给……"或"要……"。「あげる」在人际关系中，表示"由内向外"（站
在说话人立场）给予某物的行为，无须客气时可以用「やる」。「くれる」在
人际关系中，表示"由外向内"（站在说话人立场）给予某物的行为。「も
らう」表示向某人索取或从某人那里接受某物的行为。

◆ これは初めての海外旅行の記念ですから誰にもあげたくないです。／这是第一
　次国外旅行时的纪念，所以谁都不想给。

◆ どんな記念品をあげればいいですか。／送给他们什么纪念品好呢？

◆ 毎日、猫にえさをやります。／每天给猫喂食。

◆ このチラシは木村先輩がくれたのです。／这个传单是木村学长给我的。

◆ 賞状をもらう。／获得奖状。

◆ 夜、電話をもらえますか。／晚上你给我打个电话好吗？

※「あげる」和「くれる」是一段他动词，接受物品的对象用助词「に」表示。
　「もらう」是五段他动词，向某人索取或由某人赠送时，"某人"用助词「か
　ら」或「に」表示。

2 授受关系补助动词 ～てあげる（～てやる）・～てくれる・～てもらう

接续：动词第二连用形＋てあげる（～てやる）・てくれる・てもらう

解说：表示因为某种行为而受益。「～てあげる」在人际关系中，表示"由内向
外"（站在说话人立场）的行为使他人受益，无须客气时可以用「～てや
る」。「～てくれる」在人际关系中，表示"由外向内"（站在说话人立场）
的行为使己方受益，其命令形常使用「～てくれ」的形式。「～てもらう」
表示说话人请别人做某事并从中受益。

◆ 世界の文化の共通性を子供に教えてあげるのもいいだろう。／把世界文化的共同性教给孩子们也很不错吧。

◆ 吉田さんが外国の地図を沢山集めてくれた。／吉田帮我收集了好多外国地图。

◆ 吉田さんに外国の地図を買ってあげた。／我帮吉田买了外国地图。

◆ 弟の勉強を手伝ってやりました。／(我)帮助弟弟学习了。

◆ 観光バスの時間は伊藤さんに教えてもらってください。／关于游览车的时间,请去问一下伊藤。

◆ どんなことをしてあげても喜んでくれない人だから、どうしよう。／无论怎么做，都得不到他(她)的欢心，该怎么办呢?

※ 「～てあげる」「～てやる」和「～てくれる」的行为接受对象用「に」表示，「～てもらう」的被请求者用「に」或「から」表示。

3 ～とは（～というのは）／所谓……

接续：体言＋とは（というのは）

解说：本句型由「と」（助词）和「は」（助词）构成。表示提出主题，后项对其加以定义性、评论性的说明或提出疑问。「とは」是「というのは」的简略表达形式。

◆ 桃太郎とは、桃から生まれた子供が鬼と戦う話だ。／所说的"桃太郎"，讲的是一个从桃子里面出生的小孩子和鬼怪战斗的故事。

◆ 週刊誌とは、毎週一回出る雑誌のことです。／所谓周刊，就是每周发行一次的杂志。

◆ 友達とはだれのことですか。／所说的朋友是谁?

◆ 人生とはこういうものだよ。／人生就是这样的啊。

4 ～なら（ば）／如果……，要是……的话

接续：体言、动词连体形、形容词连体形、形容动词词干＋なら（ば）

解说：「なら」（接续助词）表示假定的前提条件。

◆ しかし、この話を読んだなら、戦争より、勇気とチームワークの大切さを強調しているのがわかるだろう。／但是，如果读了这个故事，就会明白与其说它讲的是战争，倒不如说它在强调勇气和团队协作的重要性吧。
◆ 飲んだら乗るな、乗るなら飲むな。／喝酒不开车，开车不喝酒。
◆ やりたくないなら無理にやる必要はない。／如果不愿意做，就没有必要勉强做。

5 ～の／……吗?

接续：名词、形容动词连体形、形容词终止形、动词终止形＋の

解说：终助词「の」放在句尾，多为女性、儿童使用。

① 表示疑问。

◆ 元気がないね。どうしたの？／无精打采的，怎么了？
◆ 日本語の試験は本当に大丈夫なの？／日语考试真的没问题吗？
◆ 花子ちゃんは何をして遊びたいの？／花子想玩儿什么呀？
◆ そんな暗いところで、何をしているの？／在那么黑暗的地方，干什么呢？

② 表示轻微的判断。

◆ いいえ、違うの。／不，不是的。

6 ～な（あ）／……啊

接续：用言终止形＋な（あ）

解说：「な」（终助词）用于句末。

① 表示感动或感叹。

◆ それはもったいないなあ！／那太可惜啦!
◆ それはまずいな。／那可不成啊。
◆ 今日は寒いな。／今天真冷啊!
◆ 本当に静かだな。／真安静啊。

② 表示愿望。

◆ ハワイへ行きたいなあ。／好想去夏威夷啊。

◆ 合格すればいいなあ。／如果合格就好啦。

7 〜さ

接续：形容词词干、形容动词词干＋さ

解说：「さ」（接尾词），使前面的形容词或形容动词变成名词，表示该词的性质、程度或状态。

◆ 戦争より、勇気やチームワークの大切さを強調している。／比起战争，更加强调勇气和团队协作的重要性。

◆ この俳句には明るさがある。／这首俳句给人以明快感。

◆ この製品の大きさはどれくらいですか。／这个产品的尺寸有多少?

◆ 高さも重さも十分です。／高度和重量都足够。

◆ あの人の仕事のやり方には、真面目さが足りない。／他的工作做法缺乏认真劲儿。

相关词语

否定⓪ ➡ 予定⓪、一定⓪、決定⓪、安定⓪、肯定⓪

強調⓪ ➡ 調整⓪、単調⓪、音調⓪、調子⓪

共通⓪ ➡ 普通⓪、通知⓪、通勤⓪、通行⓪、通用⓪

练习

一　词汇练习

❶ 请在下列各组词语中，选出画线部分读音与其他三个不同的词语。

例　A. 高<ruby>校<rt>こうこう</rt></ruby>　　B. 空<ruby>港<rt>くうこう</rt></ruby>　　C. 敬<ruby>語<rt>けいご</rt></ruby>　　D. <ruby>後輩<rt>こうはい</rt></ruby>　→　C

① A. 威張る　　B. 以外　　C. 意味　　D. 二つ

② A. 強調　　B. 研究室　　C. 共通性　　D. 京都

③ A. 季節　　B. 伝説　　C. 生活　　D. 大切だ

④ A. 人間　　B. 人気　　C. 個人　　D. 3人

⑤ A. 個人　　B. 格好　　C. 空港　　D. 交換

❷ 请将下列每题所给假名组成一个日语词，并选出正确的中文释义，把选项序号填入括号中。

① (　　)せ ＿ ＿ ＿　　　　そ ん う
② (　　)＿ ＿ か ＿　　　　た う た
③ (　　)＿ も ＿ ＿ ＿　　し お い ろ
④ (　　)＿ の ＿ ＿ ＿　　が も り た
⑤ (　　)＿ い ＿ ＿　　　　か く しゃ

A. 故事　　B. 战斗　　C. 战争　　D. 有趣的　　E. 解释

二　语法练习

❶ 请在下划线上分别填入由括号内词语构成的肯定和否定形式。

① あの<ruby>人<rt>ひと</rt></ruby>が(<ruby>先生<rt>せんせい</rt></ruby>) ＿＿＿＿＿ようだ。

② <ruby>日本語<rt>にほんご</rt></ruby>の<ruby>勉強<rt>べんきょう</rt></ruby>は(<ruby>難<rt>むずか</rt></ruby>しい) ＿＿＿＿＿ようだ。

③ <ruby>会議<rt>かいぎ</rt></ruby>が(<ruby>始<rt>はじ</rt></ruby>まった) ＿＿＿＿＿ようだ。

④ <ruby>大学<rt>だいがく</rt></ruby>のキャンパスは(<ruby>賑<rt>にぎ</rt></ruby>やかだ) ＿＿＿＿＿ようだ。

⑤ この<ruby>店<rt>みせ</rt></ruby>は<ruby>今度<rt>こんど</rt></ruby>の<ruby>土曜日<rt>どようび</rt></ruby>(<ruby>休<rt>やす</rt></ruby>む) ＿＿＿＿＿そうだ。

⑥ あの<ruby>二人<rt>ふたり</rt></ruby>は(<ruby>楽<rt>たの</rt></ruby>しい) ＿＿＿＿＿そうだ。

❷ 请根据句意，在「あげる、くれる、もらう」中选择适当的词语（可多选），并将其简体过去式填在下划线上。

① 弟に本を_____。

② 弟が本を_____。

③ 弟から本を_____。

④ 先生が弟に本を_____。

⑤ 弟は先生から本を_____。

❸ 请用授受关系补助动词的简体形式替换敬体形式，并将其填在下划线上，体会意思的变化。

例 田中さんは駅で私を待ちました。→待ってくれた

① 母は弟にご飯を作ります。→_____

② 佐藤さんは、弟に中国語を教えます。→_____

③ 僕は弟に本を買います。→_____

三 句型练习

❶ _____に_____（て）あげます／あげました。

a. 妹　　　辞書[1]を買う

b. 弟　　　本を読む

c. クラスメート[2]　数学[3]の問題[4]を教える

❷ _____は_____を（／て）くれます／くれました。

a. 家族　　沢山の時間

b. 友達　　旅行の写真を送る

c. 先生　　日本語を教える

❸ ＿＿＿＿＿に＿＿＿＿＿を（／て）もらいます／もらいました。

a. 友達^{ともだち}　　プレゼント[5]

b. 先生^{せんせい}　　桃太郎^{ももたろう}の物語^{ものがたり}を教^{おし}える

c. 姉^{あね}[6]　　中国語^{ちゅうごくご}の辞書^{じしょ}を買^かう

❹ ＿＿＿＿＿とは、＿＿＿＿＿＿＿＿ことです。

a. 異文化^{いぶんか}[7]交流^{こうりゅう}　　他^{ほか}の国^{くに}の人^{ひと}とコミュニケーションをとる

b. 5 G^{ファイブジー}　　第^{だい}5世代^{せだい}移動^{いどう}[8]通信^{つうしん}[9]システム[10]

c. SNS　　ソーシャル・ネットワーキング・サービス

❺ ＿＿＿＿＿＿なら、＿＿＿＿＿＿ましょう／でしょう。

a. これが好^すき　　買^かってあげる

b. 学校^{がっこう}に行^いく　　バスの方^{ほう}が早^{はや}い

（単词）

1 辞書^{じしょ}①【名】词典，字典

2 クラスメート④【名】同班同学

3 数学^{すうがく}⓪【名】数学

4 問題^{もんだい}⓪【名】题，试题

5 プレゼント②【名・他サ】礼品，礼物；送礼

6 姉^{あね}⓪【名】姐姐，姉

7 異文化^{いぶんか}②【名】不同的文化

8 移動^{いどう}⓪【名・自他サ】移动，转移

9 通信^{つうしん}⓪【名】通信

10 システム①【名】系统；组织

四 场景练习

❶ 请根据括号中的提示信息补全对话。

① （Bが一人で映画を見に行く）

A：どこへ行くの。

B：＿＿＿＿＿＿＿＿。

A：いいね。誰と行くの。

B：＿＿＿＿＿＿＿＿。

② （今度の土曜日までに¹レポート²を出さ³なければならないが、まだ書いていない）

A：この土曜日までに、レポートを出すんだろう。

B：ええ？＿＿＿＿＿＿＿の。

A：そうだよ。＿＿＿＿＿＿＿の。

B：まだ＿＿＿＿＿＿＿。ああ、大変だ。

❷ 请根据下表中的提示信息，参照示例填写感谢卡片的内容（对有必要添加的内容可以发挥想象）。

誰が	何をしてくれた
例 李さん	中国人の友達を紹介してくれた
① 井上さん	日本からお守りを送ってくれた
② 林さん	コンピュータの使い方を教えてくれた
③ 朱さん	誕生日⁴の歌を歌ってくれた
④ 木村さん	桃太郎の話についていろいろ調べてくれた

例

李さん

　花見に行った日、中国人の友達を紹介してくれて、ありがとうございました。みなさんとても優しい⁵ですね。また、一緒に遊びましょう。

伊藤より

①

②

③

④

単词

1 までに①【副助】到……为止，在……以前
2 レポート②【名】报告，报告书
3 出す①【他五】提交，提出
4 誕生日③【名】生日，生辰
5 優しい⓪【形】温和的，温柔的；容易的

五 阅读练习

请阅读短文，填写下列表格。

私は、9月に大学に入りました。そして、両親にスマートフォンを買ってもらいました。それから、おばあさんからパソコン[1]をもらいました。とても便利です。

5月5日の子供の日に、弟はおばあさんにスポーツシューズ[2]をもらいました。私は弟に漫画をあげました。

9月6日は、母の誕生日です。私は、自分で書いた誕生日カードを、母にあげました。母はカードをもらって、とても喜んで[3]いました。父は、綺麗な花束[4]を母にあげました。それから、私と弟が一緒に作った晩御飯をみんなで食べました。母は「とても美味しい」と言ってくれました。

	(～て)あげた人	(～て)もらった人
スマートフォン		
花束		
誕生日カード		
ノートパソコン		
スポーツシューズ		
晩御飯		

单词

1 パソコン ⓪【名】个人电脑（「パーソナルコンビュータ」的简称）

2 シューズ ①【名】鞋，短靴

3 喜ぶ ③【自五】欢喜，高兴，喜悦

4 花束 ②【名】花束

六　听力练习　🔊

❶ 次の会話を聞いて質問に答えてください。

質問：女の人は子供の時に何を読んでもらいましたか。

①『桃太郎』　　　② 日本の昔話　　　③『こぶ取り爺さん』　　　④絵本

（单词）

1 家庭⓪【名】家庭
2 昔話④【名】民间故事，传说
3 一寸法師⑤【名】（民间故事）一寸法师

4 こぶ取り爺さん⑤【名】（民间故事）长瘤子的老爷爷
5 浦島太郎⑤【名】（民间故事）浦岛太郎
6 絵本②【名】图画书

❷ 次の文を聞いて質問に答えてください。

質問：昔話に出てくるのはどんな鬼ですか。次の中から正しくない答えを一つ選んでください。

① 昔、人間と鬼は友達でした。

② 色は赤や青です。

③ 悪い鬼がいます。

④ 人間を助けてくれます。

（单词）

1 体⓪【名】身体，躯体
2 色②【名】色，颜色
3 赤①【名】红色

4 青①【名】青色，蓝色
5 助ける③【他一】帮，帮助

招财猫的传说

在日本很多商店进门的地方，都会摆放「招き猫」，在汉语中通常译作"招财猫"。这种笑眯眯抬起一只前爪的小猫，其实并不仅仅是能招财那么简单。据说不同颜色代表不同功用，例如金色小猫保佑的是"财运兴隆、商业繁荣"，黑色小猫则是保佑"家宅安全、避开厄运"等等。此外，招财猫的动作、纹饰等也有细微的差异，代表了不同的意义。

作为一种比较典型的日本文化符号，招财猫自江户时代起就有传说。有一种说法认为，招财猫的起源可以追溯到"豪德寺招财猫"的民间传说。据说在豪德寺还是一座贫穷小庙的时候，有一天，近江的彦根藩主井伊直孝外出放鹰捕猎，在返回途中路过这里，忽然有一只小猫向他举起前爪，似乎在向他打招呼。井伊直孝因此进入寺中，而他刚一进门，外边立刻风雨交加。避雨时，他与寺里和尚交谈，觉得十分投缘。后来，井伊直孝施舍财物，扩建寺庙，并将之作为井伊家的墓所和祭祀家庙。井伊直孝被招手小猫带来的好运所感动，因此豪德寺把带来好运的猫称为「招福猫児」（まねきねこ），并建造了祭祀用的招福殿，供奉了招福观音的立像。时至今日，依然有很多游人至此，祈求商业繁盛、家宅安全、开运招福。不过豪德寺的招福猫形象比较朴素，并没有手持的金币等装饰，只是强调招来了"人"，并因此结缘，而人如有报恩、感谢之心，自然就会产生福报。这与后来招财猫代表的招财进宝的意义，还是有区别的。

在唐代段成式所撰的笔记小说集《酉阳杂俎》续集卷八中，有"俗言猫洗面过耳则客至"的说法，也是把猫的动作与事情发生的征兆相结合。有说法认为日本的猫源自中国，那么抬起前爪的日本招财猫形象，也可能是来自中国传统的"对猫的认识"吧。

 课文会话译文

第4课 桃太郎的故事

课文

　　在日本流传着很多有趣的故事，还有很多古老的传说。其中，桃太郎的故事特别有名。

　　所说的"桃太郎"，讲的是一个从桃子里面出生的小孩子和鬼怪战斗的故事。日本的小孩，无论是谁，总会听人读过一两次这个故事。

　　在现代，关于桃太郎的故事，据说还有一种解释，认为故事说的是与不同的文化进行的战争。但是，如果读了这个故事，就会明白与其说它讲的是战争，倒不如说它在强调勇气和团队协作的重要性吧。

　　非人之物，生出了人类孩子，这样的传说好像在其他国家也存在。把世界文化的共同性教给孩子们也很不错吧。

会话

登场人物：

井上翔太（男），21岁，日本大学生

林洋（男），22岁，日本大学生

朱佳玲（女），20岁，中国留学生

◆井上带着猴脸面具在食堂前面分发广告传单。这时，林洋从此路过。

井上：林洋，你好。

　林：啊，井上？扮成这种怪模样，在干什么？

井上：戏剧部准备演桃太郎的故事，请一定来看啊。

　林：看起来蛮有意思的。当然要去看啦。那个传单，可以给我一份吗？

井上：好的，好的，给你两份。

（林洋遇到朱佳玲）

　林：小朱，知道这个吗？这个传单，给你一张。

　朱：谢谢。不过不用了，我也已经拿到了。

林：哦，从谁那儿拿到的？

朱：木村学长给我的。

林：啊，是戏剧部那个长得很帅气的人啊。井上扮演的是猴子的角色，木村扮演的是桃太郎的角色吧。

朱：不是，据说木村扮演的是魔鬼的角色。

林：啊？这可太浪费了！

にほんじん
日本人とペット

能力
目標
① 能用日语描述交际中的被动行为。
② 能用日语表达信息的来源及依据。
③ 了解日本的宠物文化，理解动物与人类生活的关系。

语法
项目
❶ 被动助动词（れる・られる）
❷ なぜなら～から（だ）
❸ ～による（～によると・～によれば）（信息来源）
❹ ～として
❺ ～てしまう
❻ ～ぞ（終助詞）
❼ ～かな（終助詞）
❽ ～けど・けれども・けれど

课文

　日本で犬と猫は二大ペットだと言われている。なぜなら、犬と猫を飼っている人が最も多いからだ。

　調査によると、犬や猫は単なるペットではなく、家族の一員として扱われることが多いようだ。ほとんどの犬や猫が飼い主に名前を付けられ、人と同じ屋根の下で生活している。

　一人暮らしの人には、亀のような小動物が特に好まれるそうだ。小動物はかわいいだけでなく、犬や猫より世話が簡単だからだろう。自分のペットに癒されている人も少なくないようだ。

　人々はいったい、なぜこのように色々なペットを飼うのだろうか。人がペットに求められているように、ペットも人に求められているからかもしれない。

课文单词

❶ ペット ①	【名】	pet	宠物
❷ 二大 ⓪	【接头】	two major..., two main...	两大……
❸ 飼う ①	【他五】	keep, raise	养，饲养
❹ 最も ③	【副】	most, extremely	最，顶
❺ 調査 ①	【名・他サ】	investigation, survey	查，调查
❻ 単なる ①	【连体】	mere	仅仅，只是
❼ 一員 ⓪	【名】	a member	一员，一分子
❽ 扱う ⓪	【他五】	treat; deal with	待，对待；处理
❾ 殆ど ②	【副】	mostly	大体上，大部分
❿ 飼い主 ①	【名】	owner	饲养人，主人
⓫ 名前 ⓪	【名】	name	名，名字
⓬ 付ける ②	【他一】	attach	安上，附上，附着
⓭ 同じ ⓪	【形动・副】	same	相同，同样，同等
⓮ 屋根 ①	【名】	roof	屋顶，房顶
⓯ 暮らす ⓪	【自他五】	live, get along	生活，度日
⓰ 亀 ①	【名】	tortoise	龟，乌龟
⓱ 小～	【接头】	little..., small...	小……
⓲ 好む ②	【他五】	like, love	喜欢，热爱
⓳ 世話 ②	【名・他サ】	look after	帮忙，照料
⓴ 癒す ②	【他五】	cure	治愈，医治
㉑ 何故 ①	【副】	why	为何，为什么
㉒ 求める ③	【他一】	seek, demand; search for	想要，需要；索求

会话

登場人物（とうじょうじんぶつ）

清水駿（しみずはやお）：２６歳（にじゅうろくさい）、男性（だんせい）、会社員（かいしゃいん）

佐藤健太郎（さとうけんたろう）：３２歳男性（さんじゅうにさいだんせい）、会社員（かいしゃいん）、清水（しみず）さんと同（おな）じ

会社（かいしゃ）の先輩（せんぱい）

◆二人（ふたり）は会社（かいしゃ）の廊下（ろうか）で話（はなし）をしている

佐藤（さとう）：清水（しみず）、課長（かちょう）に怒（おこ）られたと聞（き）いたけど本当（ほんとう）？

清水（しみず）：はい。昨日（きのう）、課長（かちょう）に叱（しか）られました。

佐藤（さとう）：ええ？何（なに）があったの？

清水（しみず）：寝坊（ねぼう）して、大事（だいじ）な会議（かいぎ）に遅（おく）れてしまったんです。

佐藤（さとう）：それはまずいな。もっと気（き）をつけなければいけないぞ。どうして寝坊（ねぼう）なんかしたんだ。

清水（しみず）：一昨日（おととい）の夜（よる）、隣（となり）の家（いえ）の子供（こども）がずっと泣（な）いていたので、よく眠（ねむ）ることができませんでした。

佐藤（さとう）：子供（こども）がずっと泣（な）いていたのか。何（なに）かあったのかな。

清水（しみず）：近所（きんじょ）の人（ひと）の話（はなし）によると、飼（か）っていた犬（いぬ）が死（し）んでしまったそうです。

会话单词

❶ 課長 ⓪ <ruby>課長<rt>か ちょう</rt></ruby>	【名】	section manager	科长
❷ 怒る ② <ruby>怒<rt>おこ</rt></ruby>	【自五】	get angry	生气，发怒
❸ 叱る ⓪ <ruby>叱<rt>しか</rt></ruby>	【他五】	scold, rebuke	责备，斥责
❹ 寝坊 ⓪ <ruby>寝坊<rt>ね ぼう</rt></ruby>	【名・形动・自サ】	oversleep, a late riser	睡懒觉（的人）
❺ 大事だ ⓪ <ruby>大事<rt>だい じ</rt></ruby>	【形动・名】	important; valuable	重要，要紧；贵重
❻ 会議 ① <ruby>会議<rt>かい ぎ</rt></ruby>	【名】	meeting	会议，会
❼ まずい ②	【形】	bad, awkward; awful	不好的，不妙的；难吃的
❽ なんか ①	【副】	(often derogatory) things like..., something like...	……之类，……等等
❾ 一昨日 ③ <ruby>一昨日<rt>おと とい</rt></ruby>	【名】	the day before yesterday	前天
❿ 夜 ① <ruby>夜<rt>よる</rt></ruby>	【名】	evening, night	夜，夜里，晚上
⓫ ずっと ⓪	【副】	much; all the time	……得多，……得很；一直
⓬ 泣く（鳴く）⓪ <ruby>泣<rt>な</rt></ruby><ruby>鳴<rt>な</rt></ruby>	【自五】	weep; sing	哭泣，啼哭；鸣叫
⓭ 眠る ⓪ <ruby>眠<rt>ねむ</rt></ruby>	【自五】	sleep	睡觉，睡眠
⓮ 近所 ① <ruby>近所<rt>きんじょ</rt></ruby>	【名】	neighborhood	近处，附近，近邻
⓯ 死ぬ ⓪ <ruby>死<rt>し</rt></ruby>	【自五】	die	死，死亡

 记一记

❶ <ruby>赤<rt>あか</rt></ruby>い ⓪ 红色的　　❻ <ruby>緑<rt>みどり</rt></ruby> ① 绿色
❷ <ruby>黒<rt>くろ</rt></ruby>い ② 黑色的　　❼ <ruby>紫<rt>むらさき</rt></ruby> ② 紫色
❸ <ruby>青<rt>あお</rt></ruby>い ② 蓝色的　　❽ ピンク ① 粉色
❹ <ruby>黄色<rt>き いろ</rt></ruby>い ⓪ 黄色的　　❾ オレンジ ② 橙色
❺ <ruby>茶色<rt>ちゃいろ</rt></ruby>い ⓪ 茶色的　　❿ グレー ② 灰色

语法解说

1 动词被动态

助动词「れる」「られる」表达被动的含义。「れる」「られる」本身按照一段动词进行词尾变化。

接续：五段动词未然形、サ变动词未然形＋れる

一段动词未然形、カ变动词未然形＋られる

	五段动词	サ变动词	一段动词	カ变动词
词例	読む	する	見る	来る
未然形	読ま	さ	見	こ
被动态	読ま＋れる	さ＋れる	見＋られる	来＋られる

解说：表示直接承受某种动作，相当于汉语的"被""遭受""受到"。

◆ 日本で犬と猫は二大ペットだと言われている。／在日本，狗和猫被认为是两大宠物。

※「～と言われている」通常不表达说话人自己的意见，而是表达被普遍认为的观点。

被动句的构成：

① 主宾换位句。

◆ 先生は学生を指導した。／老师教导了学生。（主动句）
◇ 学生は先生に指導された。／学生被老师教导了。（被动句）
◆ 先生は純子さんを褒めた。／老师表扬了纯子。（主动句）
◇ 純子さんは先生に（から）褒められた。／纯子被老师表扬了。（被动句）

※ **主动句的宾语在被动句中变为主语。**

② 主动句中宾语带定语的被动句。在被动句中表示主语的所有物或其一部分承受某行为、动作。

◆ 先生は学生の卒業論文を指導した。／老师指导了学生的毕业论文。（主动句）
◇ 学生は先生に卒業論文を指導された。／学生被老师指导了毕业论文。（被动句）

◆ お母さんは太郎の日記を読んだ。／母亲看了太郎的日记。（主动句）
◇ 太郎はお母さんに日記を読まれた。／太郎的日记被母亲看了。（被动句）

※ **主动句的宾语在被动句中拆为主语与宾语两部分。**

③ 自动词构成的被动句。这种被动句往往带有消极的语气。

◆ みんなが反対したので、行かなかった。／因为大家都反对，所以没去成。（主动句）
◇ みんなに反対されたので、行かなかった。／因为遭到了大家的反对，所以没去成。（被动句）
◇ 今日は一日中子供に泣かれて仕事ができなかった。／今天孩子一直在哭闹，什么工作也没做成。（被动句）
◇ 今日は雨が降らないだろうと思ったが、帰りに降られた。／以为今天不会下雨呢，结果回来的路上被雨淋了。（被动句）

※ **在被动句中，动作发动者除了用「に」或「から」表示外，有时还用「で」或「によって」表示。如：**

◆ 田中君はよく先生に叱られる。／田中经常被老师批评。
◆ 「頑張れ！頑張れ！」とみんなから励まされたので頑張るしかないだろう。／大家喊着"加油！加油！"，（我）被这样鼓励着，那就只有努力加油啦。
◆ これらの情報はコンピュータによって集められる。／这些信息由计算机来搜集。

④ 非生物作主语的被动句。句中一般不出现动作发动者。

◆ 電子マネーも試験的に使われている。／电子货币也正在试用。
◆ 机の上にテレビが置かれている。／桌上摆放着电视。

2 なぜなら～から（だ）／之所以……是因为……

接续： なぜなら＋用言終止形＋から（だ）

解说： 本句型由「なぜなら」、用言（广义包括助动词）终止形和「から」（助词）构成。表示衔接上文，解释其原因。

◆ なぜなら、ペットの飼い主には、犬と猫を飼っている人が最も多くいるからだ。／之所以这么说，是因为（在日本）养宠物的人里面，养狗和猫的人最多。

◆ 昨日は、会社へ行きませんでした。なぜなら病気で熱が出たからです。／昨天没去公司，因为生病发烧了。

◆ 早く実家に帰りたいです。なぜならもうこの町が嫌いになったからです。／想快点儿回老家，因为我已经讨厌这座城市了。

3 ～による（～によると・～によれば）／据……，根据……

接续： 体言＋による（によると・によれば）

解说： 本句型表示事物发生、发展的依据。五段自动词「よる」根据具体情况，可出现「～により」「～によって」「～によれば」「～によると」等各种词尾变化形式。「よる」的日语汉字也有「拠る」「因る」「縁る」等不同形式。表示信息来源时，常使用「～によると」「～によれば」。

◆ 調査によると、犬や猫は単なるペットではなく、家族の一員として扱われることが多いようだ。／据调查，狗和猫似乎不仅仅是宠物，很多时候是被当作家庭成员对待的。

◆ 彼女の話によれば、佐藤君は間もなく結婚するらしい。／据她说，佐藤快要结婚了。

◆ 天気予報によると、この一週間は雨が続くそうだ。／据天气预报，本周内将持续降雨。

◆ ニュースによると、明日サッカーの試合があるそうです。／据新闻报道，明天有足球赛。

4　～として／作为……

接续： 名词＋として

解说： 本句型由助词「と」和动词「する」的第二连用形构成，有时也会以「～としては」「～としての」的形式出现。表示具有某种身份、地位、资格或者站在某立场。可译为"以……身份""作为……"。

◆ 責任者_{せきにんしゃ}として、状況_{じょうきょう}を説明_{せつめい}してください。／作为负责人，请说明一下情况。

◆ 趣味_{しゅみ}として、書道_{しょどう}を続_{つづ}けています。／把书法作为兴趣，一直在坚持。

◆ これは会長_{かいちょう}としての意見_{いけん}で、個人_{こじん}としての意見_{いけん}ではない。／这是作为会长的意见，而不是私人意见。

◆ 高橋_{たかはし}さんとしては、辞職_{じしょく}以外_{いがい}に方法_{ほうほう}がなかったのでしょう。／对高桥来说，他只能辞职，没有别的办法了吧。

5　～てしまう

接续： 动词第二连用形＋てしまう

解说： ① 本句型由助词「て」和五段动词「しまう」构成，表示动作、行为消极结果。常伴有遗憾、无奈等消极语感。

◆ 寝坊_{ねぼう}して、大事_{だいじ}な会議_{かいぎ}に遅_{おく}れてしまったんです。／睡懒觉，结果一个很重要的会议迟到了。

◆ 美恵子_{みえこ}はお礼_{れい}を述_のべる途中_{とちゅう}で泣_ないてしまったそうだ。／听说美惠子在致谢词的中途哭了。

◆ 最近_{さいきん}、毎日_{まいにち}御馳走_{ごちそう}でまた太_{ふと}ってしまった。／因为每天的美味佳肴，最近又胖了。

② 表示动作行为的完成。

◆ この全集_{ぜんしゅう}を全部_{ぜんぶ}読_よんでしまうと、もう他_{ほか}に読_よむものがありません。／这个全集读完了就没有其他读物了。

◆ 仕事_{しごと}はもう全部完成_{ぜんぶかんせい}してしまった。／工作已经全部做完了。

※ **口语中有时说成「～ちゃう」。**

6 ～ぞ

接続：句子＋ぞ

解説：「ぞ」是终助词，接在句子末尾。

① 强调自己的主张或表示提醒、警告。男性对同辈或晚辈使用该词。

◆ もっと気をつけなければいけないぞ。／这可一定要更加注意啊。

◆ 今回は絶対負けないぞ。／这次绝对不会输给你。

◆ 早くしないと、学校に遅れるぞ。／不快点儿，上学就要迟到啦！

② 用于自言自语时，有时含有将决断、决定之事说给自己听之意。

◆ 今日は絶対負けないぞ。／今天一定不能失败。

◆ あれ、動かなくなっちゃった。おかしいぞ。どうしたんだろう。／哎，不动了。不对劲儿，怎么回事啊？

7 ～かな

接続：句尾＋かな

解説：「かな」（终助词）由助词「か」和助词「な」构成。

① 表示疑问，一般用于自言自语时。

◆ 子供がずっと泣いていたのか。何かあったのかな。／孩子一直哭闹吗？是不是有什么事了？

◆ どの人が理恵さんかな。／哪个人是理恵小姐呢？

◆ これでいいかな。／这样行吗？

② 表示愿望。常以「～ないかな」的形式出现。

◆ 早く夏休みにならないかなあ。／怎么还不快点儿放暑假啊。

◆ だれか来ないかな。／如果有人来就好了。

8 〜けど・けれども・けれど

接续: 用言(助动词)终止形＋けど (けれども・けれど)

用法: ① 表示逆接，多用于口语。

◆ 小さいころからピアノを習っているんだけど、全然うまくならないのよ。／从小就学钢琴，但是完全没长进。

◆ 彼女は無口だけど、独特の雰囲気がある人だね。／她是少言寡语但是有独特气质的人。

② 表示委婉表达事物的状况。

◆ 課長に怒られたと聞いたけど本当？／听说你被课长训了，是吗?

◆ ページが1枚たりないんですけど、落ちていませんか？／缺了一页，是不是落哪儿了?

◆ 友だちの家に遊びに行きたいんだけど、いい？／我想去朋友家玩，可以吗?

相关词语

会議① ➡ 会場⓪、会員⓪、会見⓪、宴会⓪、国会⓪

一体⓪ ➡ 体育①、体重⓪、気体⓪、液体⓪、固体⓪

大事③ ➡ 人事①、事件①、理事①、事業①、事情⓪

练习

一 词汇练习

1 请按照日语词典中词条的排列顺序，为下列各组词语排序。

例 桜 探す 酒 咲く → 探す 咲く 桜 酒

① 中国　　　父親　　ちょっと　　調査　　→

② ほとんど　放送　　本当だ　　　北海道　　→

③ 踊る　　　同じ　　覚え方　　　大人しい　→

④ 最も　　　物語　　求める　　　もちろん　→

⑤ 一番　　　一体　　五日　　　　一生懸命　→

2 请将下列每题所给假名组成一个日语词，并选出正确的中文释义，把选项序号填入括号中。

① (　　) ＿ ん ＿ ＿　　な た る

② (　　) ＿ と ＿ ＿　　い お と

③ (　　) ＿ い ＿ ＿　　じ だ だ

④ (　　) ＿ い ＿ ＿　　し ぬ か

⑤ (　　) ＿ と ＿ ＿　　ん ど ほ

A. 前天　　B. 几乎　　C. 只是　　D. 重要　　E. 饲养

二 语法练习

1 请写出下表中动词的被动态。

第一连用形	被动态
食べます	
飼います	
癒す	
叱ります	
求める	
調査します	
紹介します	

❷ 请结合句意选择恰当的句型填在下划线上。

> <そうです　　ようです>

① 天気予報によると、今日は雨が降る＿＿＿＿＿。
② 少し味が濃すぎる＿＿＿＿＿。
③ 楽しくて、まるで夢の世界にいる＿＿＿＿＿。
④ 手紙によると、鈴木さんは元気だ＿＿＿＿＿。
⑤ 誰か来た＿＿＿＿から、ちょっと見てきます。
⑥ 今日の天気はあまりよくなさ＿＿＿＿。

❸ 请参照课文在下划线上填入适当的助词。

　　日本①＿＿＿犬と猫は二大ペットだ②＿＿＿言われている。なぜなら、犬③＿＿＿猫を飼っている人④＿＿＿最も多いからだ。
　　調査⑤＿＿＿よると、犬⑥＿＿＿猫は単なるペットではなく、家族の一員⑦＿＿＿扱われることが多いようだ。ほとんどの犬や猫が飼い主⑧＿＿＿名前⑨＿＿＿付けられ、人と同じ屋根の下⑩＿＿＿生活している。

三　句型练习

❶ ＿＿＿＿＿＿＿は＿＿＿＿＿＿＿に＿＿＿＿＿＿＿＿ます/ました。

> a. 私　　祖母[1]　　育てる[2]

> b. 彼　　ペット　　癒す

> c. 彼女　　課長　　叱る

❷ ＿＿＿＿＿＿＿ます/ました。なぜなら、＿＿＿＿＿＿＿＿からです。

> a. 子供が泣く　　　犬が死ぬ

> b. 寝坊してしまう　　　1時まで勉強する

> c. 今日は遅く帰る　　　仕事がある

❸ _____ によると／によれば、_____ そうです。

a. 友達（ともだち）　　あの二人（ふたり）は結婚（けっこん）する

b. 先生（せんせい）　　この文型³（ぶんけい）はテストに出（で）る

c. 田中（たなか）さん　　明日会議（あしたかいぎ）がある

❹ _____ てしまいます／しまいました。

a. 傘（かさ）を忘（わす）れる　　　b. 鍵⁴（かぎ）を無（な）くす⁵　　　c. 寝坊（ねぼう）する

> （単词）
> 1 祖母（そぼ）①【名】祖母，外祖母　　　4 鍵（かぎ）②【名】钥匙
> 2 育（そだ）てる③【他一】培育，抚育　　　5 無（な）くす⓪【他五】丢，丢失
> 3 文型（ぶんけい）⓪【名】句型

四　场景练习

❶ 请根据下表中的提示信息，参照示例描述下列行动的理由。

これからの行動（こうどう）	理由（りゆう）
例　勉強（べんきょう）する	明日（あした）テストがある
① スーパー¹へ行（い）く	買（か）いたいものがある
② 出（で）かける²	天気（てんき）がいい
③ 部屋（へや）を掃除（そうじ）する	午後（ごご）、友達（ともだち）が遊（あそ）びに来（く）る
④ 猫（ねこ）を一匹（いっぴき）飼（か）おうと思（おも）う	聞（き）いた話（はなし）によると、人間（にんげん）はペットに癒（いや）されるそうだ

例　これから勉強（べんきょう）します。明日（あした）テストがあるからです。

❷ 请参照示例，使用「怒（おこ）る、注意（ちゅうい）する、叱（しか）る」中任意一个动词的被动态，完成对下列场景的描述。

例　今日（きょう）　先生（せんせい）に　研究室（けんきゅうしつ）に呼（よ）ばれ³ました。

① 夜遅（よるおそ）い⁴時間（じかん）に電話（でんわ）したので、叔父（おじ）さん⁵に_____。

② 成績が下がった⁶ので、母に＿＿＿＿＿＿＿＿。
③ 夜遅く帰ったので、父に＿＿＿＿＿＿＿＿。

（单词）

1 スーパー①【名】超市
2 出かける⓪【自一】出去，出门
3 呼ぶ⓪【他五】招呼，呼唤，呼喊
4 遅い②【形】慢，迟缓，不快

5 叔父さん（伯父さん）⓪【名】叔叔，伯父，舅舅
6 下がる②【自五】下降，降低

五　阅读练习

请朗读短文，理解文章内容。

【朝¹の出来事²】

　　私は寝坊して、急いで³いました。道で、亀を見ました。この亀は、近所の斉藤さんに飼われています。母によると、斉藤さんは歴史学部の学生で、お兄さん⁴と一緒に暮らしているそうです。斉藤さんにとって、この亀は単なるペットではなく、大切な存在⁵だと思います。

　　屋根に茶色い⁶猫がいました。猫は眠っていました。あっ、猫が体⁷を伸ばし⁸ました。猫は起きた⁹ようです。亀は歩くのが遅いから、猫に捕まえられて¹⁰しまうかもしれません。

　　猫は、亀を見ましたが、のろのろ¹¹と行ってしまいました。私は亀を持ち上げて¹²、斉藤さんに届け¹³ました。

　　その日、私は課長に怒られました。会社に遅れたからです。でも、私はその日の朝の判断¹⁴が正しかったと思います。そして、私はあの茶色くて優しい猫が大好きになりました。

单词

1 朝①【名】早上，早晨		**8** 伸ばす (延ばす)②【他五】伸长，伸展；延长
2 出来事②【名】(偶发)的事件，变故		**9** 起きる②【自一】起，起来，起床
3 急ぐ②【自五】着急，急于，赶紧		**10** 捕まえる⓪【他一】抓住
4 お兄さん②【名】哥哥，令兄		**11** のろのろ①【副・自サ】慢吞吞
5 存在⓪【名・自サ】存在，有		**12** 持ち上げる⓪【他一】举起，抬起，拿起
6 茶色い⓪【形】茶色的		**13** 届ける③【他一】送到，送给，送去
7 体⓪【名】身体，躯体		**14** 判断①【名・他サ】判断

六　听力练习 🔊

❶ 次の会話を聞いて質問に答えてください。

質問：女の人はなぜ帰らないといけないのですか。

① 早く帰らないと叱られるから。

② 犬がかわいいから。

③ 犬の散歩に行かなければいけないから。

④ 犬は話すことができないから。

单词

1 用①【名】事情	**2** 気持ち⓪【名】心情，情绪

❷ 次の文を聞いて質問に答えてください。

質問：ペットは人にとってどのような存在ですか。

① 友達のような存在。

② 心配してくれる存在。

③ よい影響がある存在。

④ 自分の子供のような存在。

单词

1 存在⓪【名・自サ】存在，有	**3** 影響⓪【名・自サ】影响
2 心配⓪【名・形动・自他サ】担心，挂念；不安	**4** 結果⓪【名】结果

动物咖啡馆

在日本，忙碌的社会人士常常会择机在咖啡馆里小憩，给自己充电。为了满足人们缓解压力、治愈身心的需求，各种主题咖啡馆应运而生，动物咖啡馆就是其中一种。

据统计，在东京至少有上百家动物咖啡馆。其中，猫咖啡馆是最常见的。顾客可以坐在地板或矮椅上，与猫嬉戏或只是静静地观赏，度过一段悠闲的时光。当然，顾客不能在这里做出危害猫的事情，禁止追逐、恐吓猫，拍照时也不能使用闪光灯。有时候，猫会跳上顾客的膝盖求抱抱，这时就可以抚摸靠近的猫，听它们的呼噜声。

有的咖啡馆可以让顾客接触到其他动物，如刺猬、猫头鹰、兔子，甚至爬行动物等。在原宿的刺猬咖啡馆，顾客可以把刺猬捧在手里，刺猬会用圆圆的眼睛瞪着人看。在城市里，人们很少有机会接触大自然或与动物嬉戏，喜欢动物的人往往由于公寓内的规定而无法养宠物，这时动物咖啡馆就是一个很好的去处。

许多咖啡馆会根据停留时间收取费用，时长不同，费用也会有所变化。每个咖啡馆里，都有工作人员对客人进行指导，告诉人们动物的习性，以及应该如何跟这些动物打交道。由于猫头鹰和刺猬等动物通常不会作为人类的宠物，所以尽管动物咖啡馆生意火爆，但一部分动物保护主义者认为不适宜在人流量很大的地方人为饲养这类野生动物。

不论是赞成还是反对，都市里的人们可以通过身边的动物咖啡馆，了解更多与动物相处的方式。

课文会话译文

第5课 日本人与宠物

课文

在日本，狗和猫被认为是两大宠物。之所以这么说，是因为（在日本）养宠物的人里面，养狗和养猫的人最多。

据调查，狗和猫似乎不仅仅是宠物，很多时候是被当作家庭成员对待的。几乎所有的狗和猫，都被主人起了名字，和人生活在同一个屋檐下。

据说独居的人特别喜欢像乌龟这样的小动物。或许因为（这样的）小动物不仅可爱，而且照料起来比猫狗更简单。好像有不少人从自己的宠物那里得到了慰藉。

人们到底为什么要饲养各种各样的宠物呢？很可能就像宠物需要人类一样，人类也需要宠物吧。

会话

登场人物：

清水骏（男），26岁，公司职员

佐藤健太郎（男），32岁，公司职员，清水同公司的前辈

◆二人在公司的走廊里交谈

佐藤：清水，听说科长和你发火了，真的吗？

清水：是啊。昨天被科长训了一顿。

佐藤：啊？发生什么事了？

清水：睡懒觉，结果一个很重要的会议迟到了。

佐藤：那可不好。这可一定要更加注意啊。为什么睡懒觉了？

清水：前天夜里，邻家的孩子一直哭闹，我没有睡好。

佐藤：孩子一直哭闹吗？是不是有什么事了？

清水：听附近的邻居说，是饲养的宠物狗死掉了。

だいろっか
第6課　現代都市
げんだいとし

能力目標

① 能区分日语的文体，用书面语进行观点的陈述和解释。

② 能用日语简体表达或交换个人观点。

③ 了解现代城市特点，理解城市生活对人们的影响。

语法项目

❶ 〜である

❷ 〜てはならない

❸ 〜とは言え

❹ 〜やすい・〜にくい

❺ 〜って

❻ 〜かい（终助词）

课文

　現代都市は、とても不思議な空間である。何百万、何千万の人々が一つの都市に集まって生活をすることは、昔の人には想像できないかもしれない。

　私たちの身の回りには、水道やガス、電気、インターネットなど、便利な公共設備がたくさんある。これらは現代人の生活になくてはならないものである。

　しかし便利になったとは言え、都市生活には住宅や交通渋滞などの問題もある。また、地震や台風が発生した場合、電気が止まったり、水が出なくなったりすることもある。

　住みやすい社会を作るためには、人々はもっと工夫をしなければならない。

课文单词

❶	都市 ①	【名】	town, city	都市，城市
❷	不思議だ ⓪	【名・形动】	mysterious, miraculous	难以想象，不可思议
❸	空間 ⓪	【名】	space	空间
❹	集まる ③	【自五】	gather	聚集，集合
❺	想像 ⓪	【名・他サ】	imagination	想象
❻	身の回り ⓪	【名】	daily life; one's personal belongings	日常生活；身边(的事物)
❼	水道 ⓪	【名】	water supply pipeline	自来水管道
❽	ガス ①	【名】	gas	煤气，瓦斯
❾	電気 ①	【名】	electricity; electric power	电，电气；电力
❿	公共 ⓪	【名】	public	公共
⓫	設備 ①	【名・他サ】	equipment	设备，设施
⓬	〜ら	【接尾】	and others	……等，……些
⓭	住宅 ⓪	【名】	residence, housing	住宅
⓮	交通 ⓪	【名・自サ】	traffic, transportation	交通
⓯	渋滞 ⓪	【名・自サ】	congestion	堵塞，停滞
⓰	問題 ⓪	【名】	problem	问题，难题
⓱	地震 ⓪	【名】	earthquake	地震
⓲	台風 ③	【名】	typhoon	台风
⓳	発生 ⓪	【名・自サ】	outbreak, occurrence	发生
⓴	場合 ⓪	【名】	circumstances, occasion	情形，场合
㉑	止まる ⓪	【自五】	stop	停，停止，止住
㉒	水 ⓪	【名】	water	水
㉓	住む ①	【自五】	live	居住，住
㉔	作る(創る) ②	【他五】	make	创造；造，制造
㉕	工夫 ⓪	【名・他サ】	device	设法，想办法

会话

登場人物
高燕：２０歳、女性、中国人留学生
鈴木辰哉： ２２歳、男性、日本人大学生

◆二人は駅前のコンビニで買い物をしている

高：都市での生活は便利だよね。

鈴木：そうだね。買いたいものが何でもある。

高：すごくない？色々な商品が集まってきて、しかも誰が、いつ、どこでそれを作ったのかも分かる。

鈴木：分からなくてもいいと
思うけど。

高：それはそうだけれど、
でもやっぱり知りたい
なあ。

鈴木：ところで、都市生活で
大人が子供に一番よく使う言葉って、知ってるかい。

高：え、なにそれ。知らない。

鈴木：「はやく」だそうだよ。

高：なるほどね。私たちも急いで買って、早く帰ろうか。

会话单词

❶	<ruby>商品<rt>しょうひん</rt></ruby> ①	【名】	commodity, goods	商品
❷	しかも ②	【接】	moreover	而且，并且
❸	<ruby>何時<rt>いつ</rt></ruby> ①	【代】	when	何时，几时，什么时候
❹	やっぱり ③	【副】	still	仍然，还是（也说「やはり②・やっぱし③」）
❺	<ruby>大人<rt>おとな</rt></ruby> ⓪	【名】	adult	大人，成人
❻	<ruby>言葉<rt>ことば</rt></ruby> ③	【名】	word; language	词，词汇；语言
❼	<ruby>成程<rt>なるほど</rt></ruby> ⓪	【副・感】	indeed	诚然，的确
❽	<ruby>急ぐ<rt>いそ</rt></ruby> ②	【自五】	hurry	着急，急于，赶紧

 记一记

❶ テレビ ① 电视
❷ <ruby>冷蔵庫<rt>れいぞうこ</rt></ruby> ③ 冰箱
❸ <ruby>洗濯機<rt>せんたくき</rt></ruby> ④ 洗衣机
❹ <ruby>炊飯器<rt>すいはんき</rt></ruby> ③ 电饭煲
❺ <ruby>電子<rt>でんし</rt></ruby>レンジ ④ 微波炉

❻ <ruby>電子<rt>でんし</rt></ruby>ポット ④ 电暖壶
❼ エアコン ⓪ 空调
❽ アイロン ⓪ 熨斗
❾ ドライヤー ② 吹风机
❿ ジューサー ① 榨汁机

语法解说

1 ～である／是……

接续：体言＋である

解说：「である」与「だ」「です」一样，都是表示判断、断定的助动词。「である」由「で」（判断助动词「だ」的连用形）和「ある」（补助助动词）构成，表示说话人对事物的断定。相当于汉语的"是……"。「～である」属于书面语的表达形式，其词尾变化方式同五段动词「ある」，否定式是「で(は)ない」。

◆ 現代都市は、とても不思議な空間である。／现代化的都市，是一个很不可思议的空间。

◆ ここは中華人民共和国の国土である。／这里是中华人民共和国的领土。

◆ 地球の温暖化は、人類にとって、とても難しい問題である。／全球变暖现象对于人类来说是很棘手的问题。

◆ 鯨は哺乳類であり、魚類ではない。／鲸鱼是哺乳动物，不是鱼类。

2 ～てはならない／不要……，不可以……

接续：动词第二连用形＋てはならない

解说：本句型由「て」（助词）、は（助词）、动词「なる」的否定形式「ならない」构成，表示禁止、在道理上不允许那样做。

◆ これらは、現代人の生活になくてはならないものである。／这些（公共设施）对于现代人的生活来说是不可或缺的。

◆ 私たち人間はこのような状況を見過ごしてはならない。／我们人类对于这样的状况不能视而不见。

◆ 忙しくても、親に電話をかけるのを忘れてはならない。／不管怎么忙，也不能忘记给父母打电话。

◆ 決して油断してはならない。／决不可疏忽大意。

3　〜とは言え／虽然……但是……，尽管……却……

接续：用言终止形（形容动词终止形或形容动词词干）、体言（だ）＋とは言え

解说：本句型由助词「と」、「は」和五段动词「言う」的命令形构成，表示语气的
转折，后项的说明是对前项既定事实的一种否定。

◆ 便利になったとは言え、問題も残されている。／尽管变得方便了，但也存在着
问题。

◆ いくら親友だとは言え、やはり気を付けたほうがいいよ。／不管是多么要好的
朋友，相处时还是应该多多注意。

◆ 春とは言え、まだ風が冷たい。／虽说已到春天，但风还是很冷。

4　〜やすい（〜にくい）／容易……（不容易……）

接续：动词第一连用形＋やすい（にくい）

解说：「やすい」接在动词第一连用形后，表示某动作、行为容易发生、进行，
译为"容易……"。而「にくい」接在动词第一连用形后则表示某动作、
行为不容易发生、进行，译为"不容易……""难于……"。「やすい」和
「にくい」是形容词型接尾词。

◆ 住みやすい社会を作るためには、人々はもっと工夫をしなければならない。／
为了创造一个宜居社会，人们必须要想出更多的办法来。

◆ 運動をしなければ肥満になりやすい。／不运动就容易发胖。

◆ この問題は間違いやすい。／这个问题容易出错。

◆ 日本語の単語は覚えやすい。／日语的单词好记。

◆ このペンは書きにくいです。／这支钢笔很不好写。

◆ あの人の話している中国語はわかりにくい。／那个人说的汉语难懂。

5　〜って

接续：体言、用言、句子＋って

解说：「って」表示主题，起提示作用，多用于口语。

① 表示引用说或想的内容，用法近似助词「と」及句型「というのは」「ということは」「という」。它是较随便的口语表达方式，主要接在体言后。可译为"叫……的……"。

◆ 都市生活で大人が子供に一番よく使う言葉って、知ってるかい？／在城市生活中，大人对孩子最经常使用的词语，(你)知道是什么吗？

◆ スキーって思ったより難しいですね。／滑雪这项运动比想象的难啊！

◆ 留守の間に中島って若い女性が来ましたよ。／你不在时，来了一位叫作中岛的年轻姑娘。

② 表示确认或反问，重复对方话语，进行确认或陈述自己的观点。

◆ 図書館へ資料を探しに行くって出かけましたよ。／说是去图书馆查资料，就出去了。

◆ なぜかって言われてもそう簡単に説明は出来ないよ。／就算问我为什么，我也无法那么简单地说明白啊。

◆ 本当かって、君、信じないのかい。／你问是不是真的，你难道不相信吗？

③ 表示传闻，是间接的信息，意思同「～ということだ」。常和「～のだ」「～んだ」组合使用。有时也以「～だって」「～んだって」「～ですって」的形式出现。

◆ 大学に入ったって、そりゃよかったな。／说你上了大学，那可太好啦。

◆ あの人は水泳がとても上手だってね。／听说他游泳游得很好啊。

6 ～かい／……吗？

接续：简体句（名词、形容动词词干）＋かい

解说：「かい」（终助词），男性用语。

① 表示以亲切的口吻提问或反问。

◆ 大丈夫かい。／没问题吧？

◆ 痛くないかい。／不疼吗？

◆ 今日も仕事をするのかい。／今天也要工作啊？

② 表示强烈的反问。

◆ そんなことがあるかい。／怎么会有那样的事呢!

◆ 負けるもんかい。／我怎么会输呢？！

相关词语

問題⓪ ➡ 訪問⓪、疑問⓪、顧問①、学問②、反問⓪

交通⓪ ➡ 交易⓪、交流⓪、交換⓪、社交⓪、外交⓪

台風③ ➡ 風習⓪、風俗①、風土①、風景①、風鈴⓪

练习

一 词汇练习

❶ 请在下列各组词语中，找出每个词读音都包含的假名，并将其填在下划线上。

例 A. 都市_{と し} B. 菓子_{か し} C. 面白い_{おもしろ} D. 教室_{きょうしつ} ___し___

① A. 台風 B. 不思議だ C. 二日 D. 複雑だ _____

② A. 紹介 B. 渋滞 C. 水道 D. 上達 _____

③ A. 発生 B. 決済 C. 二十四日 D. 結婚 _____

④ A. 設備 B. 誕生日 C. 人々 D. 美術館 _____

⑤ A. 想像 B. 男尊女卑 C. 戦争 D. 放送 _____

❷ 请将下列每题所给假名组成一个日语词，并选出正确的中文释义，把选项序号填入括号中。

① (　　)＿ ＿ う　ふ　く

② (　　)＿ あ ＿　ば　い

③ (　　)＿ ＿ ん　し　じ

④ (　　)＿ ＿ る　ま　と

⑤ (　　)＿ ＿ る　く　つ

A. 创造　　B. 地震　　C. 场合　　D. 停止　　E. 设法

二 语法练习

❶ 请使用「とはいえ」将下列两组内容匹配起来，并画线连接。

① プロ[1]

② テレビで報道[2]された

③ 日本に住んでいた

④ 栄養[3]がある

⑤ 北海道

⑥ ８０歳

⑦ もう10月

a. 食べ過ぎると体に悪い。

b. まだまだ元気だ。

c. 日本語はまだまだです。

d. 失敗[4]する事もある。

e. 本当かどうかはわからない

f. 夏は東京より暑い日もある。

g. まだ昼は暑い。

❷ 按要求写出下表中动词的活用形。

基本形	连用形+ます	未然形+ない	假定形+ば	推量形+(よ)う	命令形
止_とまる					
	歩_{ある}きます				
		見_みない			
			書_かけば		
				読_よもう	
					紹介_{しょうかい}しろ
帰_{かえ}る					
	入_{はい}ります				
		聞_きかない			
			やれば		
				寝_ねよう	
					死_しね

❸ 请参照课文在下划线上填入适当的助词。

　　現代都市は、とても不思議な空間である。何百万、何千万の人々が一つの都市①＿＿集まって生活②＿＿することは③＿＿、昔の人④＿＿は想像できないかもしれない。

　　私たちの身回り⑤＿＿は、水道⑥＿＿ガス、電気、インターネットなど、便利⑦＿＿公共設備がたくさんある。これらは現代人の生活⑧＿＿なくてはならないものである。

> ┌ 单词 ┐
>
> **1** プロ①【名】专业，职业
> **2** 報道⓪【名・他サ】报道
> **3** 栄養⓪【名】营养
> **4** 失敗⓪【名・自サ】失败

三 句型练习

❶ _____は_____である。

> a. 私（わたし） 学生（がくせい）
>
> b. 明日（あした） 日曜日（にちようび）
>
> c. 鈴木さん（すずき） 日本人（にほんじん）

❷ _____てはなりません。

> a. 嘘¹（うそ）を言う（い）
>
> b. 図書館（としょかん）で電話（でんわ）する
>
> c. 授業中（じゅぎょうちゅう）、この教室（きょうしつ）に入る（はい）

❸ _____は_____やすい/にくいです。

> a. 東京（とうきょう） 住む（す）
>
> b. 白い（しろ）シャツ 汚れる²（よご）
>
> c. このスマホ 使う（つか）

❹ <_____って、_____です。>

> a. PC パーソナルコンピュータのこと
>
> b. 都市（とし）での生活（せいかつ） 便利（べんり）
>
> c. 子供（こども）を育てる（そだ） 大変（たいへん）

単词

1 嘘（うそ）①【名】谎言，假话　　　　**2** 汚れる（よご）⓪【自一】脏；污染

四　场景练习

❶ 请参照示例，使用下图中所给词语和同学完成会话。

> 例　ペン　書く
>
> 客：すみません。このペンは書きにくいんですが。もっと書きやす
> いペンはありませんか。
> 店の人：もっと書きやすいペンですね。
> 客：はい。
> 店の人：はい、どうぞ。
> 客：どうもありがとう。

① コップ[1]　飲む	② かばん　持つ	③ スマホ　持つ	④ 箸　使う
⑤ 靴　履く[2]	⑥ 椅子　座る[3]	⑦ 時計[4]　(時間が)わかる	⑧ 説明　わかる

❷ 请参照示例，根据括号中的提示信息和同学一起完成会话，并用一句话
对会话内容进行概括。

> 例（学籍[5]番号[6]を書く）
>
> A：先生、申込書[7]には学籍番号を書かなくてもいいですか。
> B：いいえ、学籍番号は書かなければなりませんよ。

A：はい、わかりました。

→ 申込書には学籍番号を書かなくてはなりません。

① （制服[8]を着る）

A：先生、来週の卒業式に制服を＿＿＿＿＿＿＿。

B：いいえ、＿＿＿＿＿＿＿。

A：はい、わかりました。

→＿＿＿＿＿＿＿＿＿＿＿＿＿＿＿＿＿＿＿＿＿＿。

② （身分証明書[9]を持っていく）

A：先生、日本語の試験会場[10]に身分証明書を＿＿＿＿＿＿＿。

B：いいえ、＿＿＿＿＿＿＿。

A：はい、わかりました。

→＿＿＿＿＿＿＿＿＿＿＿＿＿＿＿＿＿＿＿＿＿＿。

単词

1 コップ⓪【名】杯子	6 番号③【名】号码，号数
2 履く⓪【他五】穿	7 申込書⓪【名】申请书
3 座る⓪【自五】坐，跪坐	8 制服⓪【名】制服
4 時計⓪【名】钟，表	9 身分証明書⓪【名】身份证
5 学籍⓪【名】学籍	10 試験会場④【名】考场

五　　阅读练习

请阅读短文，回答下列问题。

【秋葉原を紹介するテレビ[1]番組[2]より】
　　1400万人の人が住む東京には、世界中から大勢の人が集まってきます。東京は夢[3]のある都市です。
　　ところで、みなさんは東京にある秋葉原という町を知っていますか。以前の秋葉原には電気店が並んでいました。今は電気店とともに[4]、アニメ関連[5]の商品が買えるお店がたくさんあります。秋葉原は、毎日進化[6]しています。
　　どうぞ、こちらを見てください。さまざまな国の人がデジタル[7]機器を買っています。この店はいつもにぎやかです。
　　実はこの頃、この電気店のまわりで、交通渋滞が発生しています。車で買い物に来る家族が多いからです。この店には、女性が好む商品があるようです。店の名前は「〇〇電気店」ですが、商品は電気製品に限り[8]ません。5階は特に綺麗で、化粧品[9]やブランド[10]物の服が買えます。以前の秋葉原は、女性が買い物をしにくい街でしたが、この店ならでは[11]のマーケティング[12]戦略[13]が成功[14]し、いまは大勢の女性客が来ます。

① 秋葉原では、「電気製品」のほかに、何が買えますか。
② あなたは、どんなデジタル機器を持っていますか。
③ 「女性の好む商品」とは、どんな商品だと思いますか。
④ 「この店ならではのマーケティング戦略が成功し、いまは大勢の女性客が来ます」という文の中国語の意味は何ですか。

（单词）

[1] テレビ①【名】电视
[2] 番組⓪【名】（广播、演剧、比赛等的）节目
[3] 夢②【名】梦
[4] 〜共に【句型】和……一起
[5] 関連⓪【名・自サ】关联，联系
[6] 進化①【名・自サ】进化
[7] デジタル①【名】数字，数码
[8] 限る②【他五】限，限定，限制
[9] 化粧品⓪【名】化妆品
[10] ブランド⓪【名】商标；名牌
[11] ならでは【接】只有……
[12] マーケティング⓪【名】市场运营
[13] 戦略⓪【名】战略
[14] 成功⓪【名・自サ】成功，胜利

六 听力练习 🔊

❶ 次の会話を聞いて質問に答えてください。

質問：日本のコンビニでできることは何ですか。次の中から正しくない答え
を一つ選んでください。

① 買い物　　　　　　　　　　② インターネット

③ 公共料金の支払い　　　　　④ 通信販売の商品の受け取り

> （単词）
>
> **1** コンビニ⓪【名】便利店
> **2** 日用品⓪【名】日用品
> **3** タバコ⓪【名】烟，香烟
> **4** 電車⓪【名】电车
> **5** コンサート①【名】音乐会
> **6** 料金①【名】费用
> **7** 支払う③【他五】付款，付钱，支付
>
> **8** コピー①【名・他サ】复印，复制
> **9** ＡＴＭ⑤【名】自动存取款机
> **10** 引き出す③【他五】取款；引出，取出
> **11** ショッピング①【名・自サ】购物，买东西
> **12** 受け取る③【他五】收货，收下
> **13** 通信販売⑤【名】函售，邮购

❷ 次の文を聞いて質問に答えてください。

質問：生活が便利になるとどうなりますか。

① 食生活が乱れる。　　　　　　② 毎日ラーメンを食べる。

③ 毎日ファストフードばかり食べる。　④ 食事を工夫する。

> （单词）
>
> **1** 食⓪【名】饮食；食品，食物
> **2** 乱れる③【自一】乱，混乱
>
> **3** インスタントラーメン⑦【名】方便面
> **4** ファストフード④【名】快餐

日本的建筑

旅游者初到日本，通常会被日本的传统建筑深深吸引。宫殿、寺庙、神社、天守阁、茶室、民居……仔细观察，不难发现日本建筑的一些基本原则。这些原则可以解释建筑师材料选择和建筑物设计的缘由，同时也反映出历史和风土对日本建筑的影响，可以说是岛国地貌与工匠精神的一个缩影。

偏爱使用自然材料，是日本传统建筑的主要特征之一。日本传统民居建筑大量使用木材，这是因为木材可以适应日本的气候。日本的气候温暖湿润，木材在潮湿的季节里可以吸收部分湿气，而在干燥的季节里则会排出木材中的水分，对室内空气湿度起到调节作用。

日本传统建筑洗练简约、优雅含蓄的风格，体现了东方文化的特点。有的神社木质构件和结合处都不施雕饰，风格质朴；有的神社遵循"修旧如旧"的原则，始终保持着古老的风貌。

日本园林建筑强烈地表达出了日本文化中对于大自然的亲切感情，多用象征性的手法，在方寸之间模仿自然界的山川河流，并将之升华到了哲学的境界。枯山水庭院便是典型的日本园林类型，用石块象征山峦，用白沙摹画海洋与湖泊，并将白沙耙成各式波纹图案，以此象征形态各异的波浪，其间点缀以薇、蕨、青苔，而不饰以花木。虽然枯山水庭院色彩单一，材料简单，但是其中蕴含的隐喻和哲思，常能让人在驻足期间沉思良久。

此外，"天守阁"也是日本具有代表性的建筑样式之一。16世纪中叶，日本封建割据，战火频发，各封建领主建造了许多防御性的城池，称为"天守阁"。虽然"一国一城令"的限制与岁月的侵蚀对天守阁造成了巨大的影响，但现今仍有大量天守阁存世。其中，位于兵库县的姬路城天守阁，高31.5米，外观5层，墙垣由石头砌成，外侧刷以白浆，又称"白鹭城"。天守阁庄严雄大，这些历史上的卫城，时至今日仍具有很高的审美价值。

课文会话译文

第6课 现代城市

课文

现代化的都市，是一个很不可思议的空间。几百万、几千万的人们聚集在一个城市里生活，这在从前的人们看来恐怕是不可想象的事情吧。

在我们的周围有许多诸如自来水、煤气、电、互联网等很方便的公共设施。这些公共设施对于现代人的生活来说是不可或缺的。

然而，虽然说是更加方便了，但是在城市生活中仍然存在住宅以及交通拥堵等问题。此外，如果发生地震或者台风，还会停电、停水。

为了创造一个宜居社会，人们必须要想出更多的办法来。

会话

登场人物：

高燕（女），20岁，中国留学生

铃木辰哉（男），22岁，日本大学生

◆二人在车站前的便利店购物

高：城市里的生活真方便啊。

铃木：是啊。想买的东西，什么都有。

高：厉害吧？各种各样的商品都集中在一起，而且还可以知道是谁、什么时候在哪儿制造的。

铃木：我觉得不知道（这些）也无所谓吧。

高：那倒是。不过，（我）还是想知道啊。

铃木：哎，在城市生活中，大人对孩子最经常使用的词语，你知道是什么吗？

高：啊？那是什么？不知道。

铃木：据说是"快点儿"。

高：还真是。我们也快点儿买，早些回去吧。

第7課 透明な 力

だいなな か
とうめい ちから

能力目标
① 能阅读日语文学体裁的文章，理解文章观点。
② 能用日语表达条件关系。
③ 了解语言的交际功能，理解语言的作用和魅力。

语法项目
❶ ～しか（ない）
❷ ～がち
❸ ～てみる
❹ ～ば～ほど
❺ ～限り
❻ ～し～
❼ ～ほど（程度）
❽ ～たら

　私たちは日常生活の中で、目に見えるもの、手で触ることができるものしか存在しないと思いがちだ。しかし、例外はいくらでもある。

　例えば、人間は言葉で複雑な情報を伝えているが、言葉には「透明な力」がある。変な言い方かもしれないが、考えてみればみるほど、その通りだと思う。言葉は文字にしない限り、目に見えないし、触ることもできない。

　好きな人に「好きだ」と言って、相手に自分の気持ちを伝える。火事に気づいた人が「大変だ！火事だ！」と大声を上げると、この声が届いた人々は救われる。

　自分の感じたことを表現したり、人の命を助けたりできるほど、この「透明」なものの力は強い。

课文单词

❶	透明だ ⓪ とうめい	【名・形动】	transparency	透明
❷	力 ③ ちから	【名】	strength, power; effect	力，力量；作用，效力
❸	日常 ⓪ にちじょう	【名】	daily, usual	日常，平时
❹	目 ① め	【名】	eye	眼，眼睛
❺	手 ① て	【名】	hand	手，手掌
❻	触る ⓪ さわ	【自五】	touch	触，碰，摸
❼	存在 ⓪ そんざい	【名・自サ】	existence, being	存在，有
❽	例外 ⓪ れいがい	【名】	exception	例外
❾	幾ら ① いく	【副】	how much	多少；多少钱
❿	情報 ⓪ じょうほう	【名】	information	消息，信息
⓫	伝える ⓪ つた	【他一】	tell, convey	传达，转告，转达
⓬	(～)通り ③① とお	【名・接尾】	in accordance with...; street	像……那样；大街
⓭	相手 ③ あいて	【名】	rival; partner	对方，对手；伙伴
⓮	気持ち ⓪ きも	【名】	feeling, mood	心情，情绪
⓯	火事 ① かじ	【名】	fire	火灾，失火
⓰	気付く ② きづ	【自五】	notice, discover	发现，发觉
⓱	大声 ③ おおごえ	【名】	a loud voice	大声，高声
⓲	上げる（挙げる）⓪ あ	【他一】	improve; lift	提高，增加；举，抬
⓳	届く ② とど	【自五】	reach	达到，够得着
⓴	救う ⓪ すく	【他五】	rescue, help	救，拯救，搭救
㉑	感じる ⓪ かん	【自他一】	feel	感到，感觉
㉒	表現 ③ ひょうげん	【名・他サ】	expression, presentation	表达，表现
㉓	命 ① いのち	【名】	life	命，生命
㉔	助ける ③ たす	【他一】	save; help	拯救，救助；帮助
㉕	強い ② つよ	【形】	powerful	强的，强壮，强有力的

会话

とうじょうじんぶつ
登場人物

りんよう　はたち　だんせい　ちゅうごくじんだいがくせい
林陽：20歳、男性、中国人大学生

たかはしひろゆき　はたち　だんせい　にほんじんりゅうがくせい
高橋博之：20歳、男性、日本人留学生

◆ 中国のある大学の食堂で

高橋：林さんは日本語が上手ですね。どうしてそんなに日本語が

　　　ぺらぺらなのでしょうか。

林：いいえ、そんなことありません。日本語はとても難しいで

　　す。

高橋：本当に上手ですよ。でも日

　本語は難しいとよく言いま

　すけど、中国語ほど難し

　くないでしょう。中国語は

発音が特に難しいので、会話がなかなか上達しません。

林：会話は練習すればするほど上手になりますよ。

高橋：でも中国は広いですし、方言も多いですよね。

林：そう言えば、高橋さんは旅行が好きですよね。言葉が話せ

　　たら、旅行はもっと楽しくなりますよ。早く中国語を身に

　　付けて、「中国通」になってください。

高橋：「中国通」ですか、いいですね。でも奇跡が起こらない限

　　　り、私が「中国通」になるのは無理でしょう。

会话单词

❶ ぺらぺらだ ⓪①	【形动・副】	fluent; talkative	（外语）流利的；喋喋不休
❷ 会話 ⓪	【名・自サ】	conversation, dialogue	会话，谈话，对话
❸ なかなか ⓪	【副】	quite	颇，很（后常接否定）
❹ 練習 ⓪	【名・他サ】	practice	练习
❺ 方言 ③	【名】	dialect	方言
❻ 旅行 ⓪	【名・自サ】	travel	旅行，旅游
❼ 身に付ける ⓪+②	【组】	acquire	掌握，学到（知识等）
❽ 通 ①	【名】	expert	在行，精通，内行
❾ 奇跡 ⓪	【名】	miracle	奇迹，不可思议的事

 记一记

❶ 恐らく ② 恐怕

❷ ゆっくり（と）③ 慢慢地；悠闲地

❸ 自然に ⓪ 自然地

❹ 忽ち ⓪ 立刻，马上；一会儿

❺ 遂に ① 终于，终究

❻ そっと ⓪ 悄悄地

❼ 割に ⓪ 比较

❽ わざわざ ① 特意地，故意地

❾ 生憎 ⓪ 偏偏，不凑巧

❿ ついでに ⓪ 顺便，顺手

 语法解说

1 ～しか（ない）／只……，光……

接续：体言（助词）＋しか（ない）

解说：助词「しか」和后面的否定式相呼应，表示限定。有时带有"数量少""程度轻"的含义。

◆ 私たちは日常生活の中で、目に見えるもの、手で触ることができるものしか存在しないと思いがちだ。／我们在日常生活中，往往会认为只有眼睛可以看见的东西、手可以触摸到的东西才是存在的。

◆ スポーツの中で私は水泳しか好きではありません。／体育项目中我只喜欢游泳。

◆ 教室には一人しかいない。／教室里只有一个人。

◆ 子供だから、これぐらいしか分からないでしょう。／一个小孩子也只能懂得这些。

2 ～がち／容易……，往往……，动辄……

接续：体言、动词第一连用形＋がち

解说：本句型表示容易产生前项所示状态，通常用于负面评价。「がち」是形容动词型接尾词。

◆ パソコンゲームをすると、つい時間を忘れがちになる。／一旦玩起电脑游戏，就很容易忘记时间。

◆ 現代人は寝不足になりがちだ。／现代人很容易睡眠不足。

◆ この子は赤ちゃんの時から病気がちで、体の弱い子でした。／这个孩子从一生下来就体弱多病。

◆ 彼女と電話で話していると、どうしても話が長くなりがちで通話料金が高くなる。／只要一给她打电话，就容易聊起来没完，花很多电话费。

3 ～てみる／试着……，做……看看

接续：动词第二连用形＋てみる

解说：本句型由助词「て」和「見る」构成，表示尝试做某事。

◆ 変な言い方かもしれないが、考えてみればみるほど、その通りだと思う。／这种说法听起来可能有些怪异，但是，越是仔细思考，越是觉得言之有理。

◆ やってみなければわからないでしょう。／不试一试怎么会知道呢?

◆ 食べてみてください。／请尝尝看。

◆ 一週間そこで働いてみました。／在那里试着工作了一周。

◆ 先日あの有名な店へ行ってみました。／前几天去了那个有名的店。

4 ～ば～ほど／越……越……

接续：用言假定形＋ば＋同一用言连体形＋ほど

解说：本句型表示随着前项的变化，后项也相应地发生变化。「ば」是表示"假如"意义的助词，「ほど」是表示程度的名词。

◆ 会話は練習すればするほど上手になりますよ。／会话是越练越好的。

◆ 日本語は、勉強すればするほど難しいと言う人がいる。／有人说日语越学越难。

◆ この絵は見れば見るほど美しい。／这幅画越看越美。

◆ 中国では、北へ行けば行くほど寒くなる。／在中国，越往北走越冷。

◆ 責任が重ければ重いほどルールを守るべきだ。／越是责任重大，就越应该遵守规则。

5 ～限り／只要……就……

接续：用言连体形＋限り

解说：本句型表示事物在前项限定的条件下必定会产生后项的结果。「限り」是五段他动词「限る」的连用形。

◆ 奇跡が起こらない限り、私が「中国通」になるのは無理でしょう。／除非出现奇迹，否则我怕是成不了"中国通"吧。

◆ 一生懸命勉強しない限り、知識を身に付けることはできない。／不努力学习，就无法掌握知识。

◆ この家にいる限り、何も心配しなくていい。／只要待在这个家里，就不必担心任何事情。

◆ 時間が許す限り、ずっとここにいます。／只要时间允许，就一直待在这里。

◆ プロである限り、その大会への出場資格はない。／只要是专业选手，就没有资格参加这项赛事。

6 ～し～／既……又……；又……，也……

接续： 用言终止形＋し

解说： 「し」是接续助词，表示相关联的事物或现象的并列，还表示理由。

◆ でも中国は広いですし、方言も多いですよね。／可是，中国那么大，方言也有很多啊。

◆ 昨日のゼミには、渡辺さんも来たし、山田さんも来た。／昨天的研讨会，渡边和山田都来了。

◆ あの人は、先生でもないし、事務員でもない。誰だろう？／那个人不是老师，也不是办公室人员，是谁呀？

◆ わたしは外国人だし、日本語も上手ではないし。／我是外国人，日语又不是很好……

7 ～ほど／……得……

接续： 用言连体形＋ほど

解说： 表示动作或状态达到了某种程度。译为"……得……"。

◆ 今日は死ぬほど疲れた。／今天累的要死。

◆ この商品は信じられないほど売れている。／这种商品卖得很好，简直让人无法相信。

8 ～たら／如果……的话；……之后

接续：用言连用形（动词第二连用形）＋たら

解说：本句型表示假定、既定条件，译为"如果……的话"。还表示前提条件，
表示前项动作实现后，再做后项动作，译为"……之后"。

◆ 言葉が話せたら、旅行はもっと楽しくなりますよ。／如果掌握了语言，旅行会
变得更加快乐。

◆ もし値段が余りにも高かったら誰も買わないだろう。／如果价格太高的话，就
不会有人买吧。

◆ 雨だったらどうする？／如果下雨怎么办？

◆ ここは冬になったら雪がよく降るという。／听说到了冬天，这里经常下雪。

◆ 宿題が終わったら、遊びに行ってもいいです。／作业完成之后，就可以去玩。

相关词语

表現③ ➡ 現実⓪、現象⓪、現場⓪、現在①、現状⓪

情報⓪ ➡ 愛情⓪、感情⓪、表情③、情況⓪、情緒①

例外⓪ ➡ 外出⓪、外部①、外人⓪、外観⓪、外来⓪

练习

一 词汇练习

❶ 请推测下列日语外来语的含义，并参照示例在下划线上写出相应的外语词和同义或类义的日语词。

例 パワー → power → 力

① パワフル → _____ → _____

② トラベル → _____ → _____

③ ライフ → _____ → _____

④ インフォメーション → _____ → _____

⑤ タッチ → _____ → _____

❷ 请将下列每题所给假名组成一个日语词，并选出正确的中文释义，把选项序号填入括号中。

① ( )に ＿ ＿ ＿ う ち じょ

② ( )＿ ＿ え ＿ た る つ

③ ( )＿ お ＿ ＿ え お ご

④ ( )＿ ん ＿ ＿ じ か る

⑤ ( )＿ す ＿ ＿ る け た

⑥ ( )＿ ん ＿ ＿ しゅ れ う

⑦ ( )＿ ＿ き き せ

A. 传达　　　　B. 日常　　　　C. 拯救　　　　D. 练习

E. 大声　　　　F. 奇迹　　　　G. 感觉

二 语法练习

❶ 请按要求写出下表中动词的活用形。

基本形	假定形＋ば
寝る	寝れば
上げる	
伝える	

（续表）

基本形	假定形＋ば
助_{たす}ける	
感_{かん}じる	
救_{すく}う	
届_{とど}く	
触_{さわ}る	
存在_{そんざい}する	
練習_{れんしゅう}する	
行_いく	
来_くる	

❷ 请参照课文在下划线上填入适当的助词。

好_すきな人_{ひと}①＿＿＿「好_すきだ」と言_いって、相手_{あいて}②＿＿＿自分_{じぶん}の気持_{きも}ち③＿＿＿伝_{つた}える。火事_{かじ}④＿＿＿気_きづいた人_{ひと}が「大変_{たいへん}だ！火事_{かじ}だ！」と大声_{おおごえ}⑤＿＿＿上_あげると、この声_{こえ}⑥＿＿＿届_{とど}いた人々_{ひとびと}は救_{すく}われる。

自分_{じぶん}の感_{かん}じたこと⑦＿＿＿表現_{ひょうげん}したり、人_{ひと}の命_{いのち}⑧＿＿＿助_{たす}けたりできるほど、この「透明_{とうめい}」なものの力_{ちから}は強_{つよ}い。

三　句型练习

❶ 私_{わたし}は＿＿＿＿＿＿しか＿＿＿＿＿＿ません。

a. 黒_{くろ}い服_{ふく}　　着_きる

b. 日曜日_{にちようび}　　休_{やす}む

c. 自分_{じぶん}の部屋_{へや}　　掃除_{そうじ}する

❷ ＿＿＿＿＿＿＿＿＿は＿＿＿＿＿＿＿＿＿＿＿＿がちです/でした。

a. 子供の時、兄[1]　病気になる

b. 林さん　遅れる

c. 金曜日[2]の会議　長くなる

❸ ＿＿＿＿＿は＿＿＿＿＿＿ば＿＿＿＿＿ほど＿＿＿＿＿。

a. 日本語　勉強する　面白くなる

b. 外国語　話す　上達する

c. この問題　考える　難しい

❹ ＿＿＿＿＿＿＿ない限り、＿＿＿＿＿＿＿＿ません。

a. 練習する　ぺらぺらになる

b. 気持ちを伝える　相手はわかる

c. 手で触る　その存在を感じる

❺ ＿＿＿＿＿＿＿たら、＿＿＿＿＿＿。

a. 時間がある　旅行に行く

b. 暇だ　映画を見る

c. 難しい　辞書で調べる

单词
1 兄①【名】哥哥　　　　　　　　　　2 金曜日③【名】星期五

四　场景练习

❶ 下列两幅图分别是中日两国家常菜中常见的"西红柿炒鸡蛋"和"寿司卷"，请参照示例，从4组词语中寻找它们各自的优缺点，分别使用句型「～し」和「～けど」，对其特点进行描述。

トマト¹と玉子²の炒めもの³

巻き寿司⁴

① きれい・美味しそう
② 材料⁵が少ない・材料が多い
③ 作り方⁶が簡単そう・作り方が難しそう・人気がある
④ 材料が高そう・材料が安そう・時間がかかりそう

例
① 巻き寿司はきれいだし、美味しそうです。
② トマトと玉子の炒めものは美味しそうだけど、作り方が難しそうです。

❷ 下表是几位同学一日三餐的饮食情况，请先确认表格内人物和饮食的信息，然后参照示例分别使用句型「～しか（ない）」和「～も」完成会话。

	メニュー[7]	Aさん	Bさん	Cさん
朝ご飯[8]	トースト[9] ゆで玉子[10] ミルク[11]	1個 1杯[12]	1枚 1杯	2個 2枚
昼ご飯[13]	ご飯 唐揚げ[14] 焼き魚[15] 野菜サラダ[16] トマト	1杯 1個 少し	1杯 たくさん 5個	1匹 1個
晩ご飯[17]	ご飯 トマト 焼き魚 唐揚げ 野菜サラダ	2杯 3個 1匹	少し 2個 1匹	2杯 2匹 1個
デザート[18]	ケーキ[19] コーヒー	1杯	1杯 1個	2個

例

B：Aさん、朝ご飯／昼ご飯／晩ご飯は、何を食べましたか。

A：朝ご飯はゆで玉子1個しか食べませんでした。／昼ご飯は唐揚げを1個と野菜サラダを少し食べました。／晩ご飯は、ご飯を2杯も食べました。

单词

1 トマト①【名】西红柿，番茄
2 玉子②【名】鸡蛋；卵
3 炒めもの⓪【名】炒菜
4 巻き寿司②【名】寿司卷
5 材料③【名】材料
6 作り方⑤【名】做法，制造法
7 メニュー①【名】菜单，菜谱
8 朝ご飯③【名】早饭
9 トースト①【名】烤面包，吐司
10 ゆで玉子③【名】水煮蛋

11 ミルク①【名】牛奶
12 ～杯⓪【名】……碗，……杯
13 昼ご飯③【名】午饭
14 唐揚げ⓪【名】炸鸡块
15 焼き魚③【名】烤鱼
16 サラダ①【名】沙拉，凉拌菜
17 晩ご飯③【名】晚饭
18 デザート②【名】餐后点心，甜食
19 ケーキ①【名】蛋糕

五　阅读练习

请阅读短文，回答下列问题。

【手紙】

鈴木洋子さま

　　はじめまして。わたしは王剛です。来月日本へ行きます。
　　私は高校1年生です。家族は4人で、両親と弟と私です。私はスポーツと音楽と日本語が好きです。
　　今、日本語を一生懸命勉強していますが、まだ、上手ではありません。ですから[1]、少し心配[2]です。日本で日本語や日本の文化を勉強したいと思っています。
　　日本では、いろいろなことをやってみたいと思います。たとえば富士山に登ってみたいし、相撲[3]も見てみたいです。また、いろいろな日本料理も食べてみたいと思います。私は、辛い[4]ものが大好きです。辛ければ辛いほど美味しいと思います。
　　日本は初めてですから、わからないことがいっぱいあると思います。わからないときは、教えてください。どうぞよろしくおねがいします。
　　では、みなさんに会う日を楽しみにしています。

さようなら

2月15日
王より

① この手紙を書いた人はどんな人ですか。

② この人は、次のA～Cのどの辛さが一番美味しいと思っていますか。

A. ╱　　　　B. ╱╱　　　　C. ╱╱╱

③ この人は、日本でどんなことをしたいと思っていますか。

(单词)

1 ですから①【接】因此，所以

2 心配⓪【名・形動・自他サ】担心，挂念；不安

3 相撲⓪【名】相扑

4 辛い②【形】辣

六　听力练习　◀))

❶ 次の会話を聞いて質問に答えてください。

質問：日本語が上手になるにはどうしたらいいですか。

① 漢字の読み方をたくさん勉強します。

② 助詞の使い方を勉強します。

③ 動詞の形を勉強します。

④ 日本人とたくさん話します。

(单词)

1 助詞⓪【名】助词

2 動詞⓪【名】动词

3 変化①【名・自サ】变化，变更

❷ 次の文を聞いて質問に答えてください。

質問：この人は今どんな気持ちですか。次の中から正しくない答えを一つ選んでください。

① 日本語は難しいです。

② 日本について知れば知るほどおもしろいです。

③ 私は日本語の先生になれないです。

④ 来週のテストを頑張るつもりです。

英语中的日语词汇

　　英语在复杂的语言演变过程中，吸收了大量的外来语，其中也有很多来自日语的词汇。

　　英语借用的日语词汇范围较广，而其中比较常见的多来自日本的独特饮食，例如sushi（寿司）、sashimi（刺身）、miso（味噌）、yakitori（焼き鳥）、onigiri（お握り）、wasabi（わさび）等。与之相类似的，例如kimono（着物）、tabi（足袋）、geta（下駄）等服饰方面的词汇，tatami（畳）、ryokan（旅館）等居住方面的词汇也有很多融入了英语之中。

　　此外，日本传统文化相关的很多词汇也为英语所吸收，成为借词。这一类词汇涉及日本传统文化的方方面面，大都比较有代表性，例如bushido（武士道）、shinto（神道）、samurai（侍）、ikebana（生け花）、judo（柔道）、kabuki（歌舞伎）、ukiyoe（浮世絵）、sumo（相撲）、karate（空手道）、ninja（忍者）、ronin（浪人）、onsen（温泉）、geisha（芸者）等。这些词汇具有浓厚的文化内涵，极大地丰富了英语的词汇。

　　时至现代，日本又向英语输出了很多新词。这些以动漫为代表的流行文化方面的词汇，构词精巧，并借由互联网得以快速传播。例如manga（漫画）、anime（アニメ）、cosplay（コスプレ）、moe（萌え）、owarai（お笑い）、otaku（お宅）、emoji（絵文字）等等，都带有较为明显的流行文化特征。

　　现代英语对于日语词汇的借用，不仅仅囿于汉字和平假名词汇，也吸收了部分片假名词汇和缩略语。例如「コスプレ」（角色扮演）这个词，是由「コスチューム」（costume）和「プレイ」（play）两个词缩略而成，表达更换服装、扮演剧中人物的意思，后来被英语吸收，成为英语单词cosplay。

　　有趣的是，汉语中的日语借词，多以汉字的形式被直接借用——例如"茶道""浮世绘"等，而「コスプレ」这样的词，汉语目前还无法直接借用，未来或许会用合适的汉字表音，而人们又可以见证一个新词的诞生。

　　可以肯定的是，随着语言的发展，日语、汉语和英语的词汇，还会有更多的交融。

课文会话译文

第7课 透明的力量

课文

我们在日常生活中，往往会认为只有眼睛可以看见的东西、手可以触摸到的东西才是存在的。可是，还有非常多的例外。

例如，人用语言传递复杂的信息。语言中有一种"透明的力量"。这种说法听起来可能有些怪异，但是，越是仔细思考，越是觉得言之有理。语言只要不把它变成文字，那就是眼睛看不见，也触摸不到的。

对自己喜欢的人说"我喜欢你"，向对方表达自己的情感。发现火灾的人大声喊叫"不好啦！失火啦！"，听到这个呼喊声的人会得救。

能够表达自己的感受，也能够救助他人的生命，这种"透明"的东西，其力量竟如此强大。

会话

登场人物：

林阳（男），20岁，中国大学生

高桥博之（男），20岁，日本留学生

◆在中国某大学食堂

高桥：小林，你的日语真棒啊！为什么日语能说得那么流利呢？

　林：哪有的事。日语非常难。

高桥：真的很好啊。不过，人们经常说日语难学，可是日语没有汉语那么难吧。汉语发音尤其难，所以口语会话总是难以提高。

　林：口语会话，多多练习就会越来越好了。

高桥：可是，中国那么大，方言也有很多啊。

　林：说起来，你喜欢旅行吧。如果掌握了语言，旅行会变得更加快乐。快点儿学好汉语，做一个"中国通"吧。

高桥："中国通"吗？真好啊。不过，除非出现奇迹，否则我怕是成不了"中国通"吧。

第8課 ウォーキング

だいはち か

能力目標

① 能用日语表达具备某种能力及某种条件下能够做某事。
② 能用日语表达祝福或祝愿。
③ 了解运动对人的影响，理解健康生活的意义。

语法项目

❶ 动词的可能表达
❷ ～による（～によって・～により）
　　（原因；手段）
❸ ～というか
❹ ～ばかり
❺ ～ようになる

课文

生まれたばかりの人間は、自由に動けない。赤ちゃんはミルクしか飲めないし、好きな食べ物を食べることもできない。しかし大きくなると、色々な食べ物が食べられるようになる。また、歩けるようにもなる。人間は歩行を習得することで、自由を得ることができる。

スポーツとして歩くとき、歩行はウォーキングになる。ウォーキングはとても簡単で、人間ならだれでもできる一番手軽なスポーツである。ボールがなければバスケはできないし、プールがなければ泳げない。しかし、ウォーキングはいつでも、どこでもすることができる。

また、ウォーキングを始めてみると、気持ちが穏やかになる人もいる。それは、ウォーキングによって気持ちのいい一日が始められるからである。また、朝の散歩で会った見知らぬ人にも「おは

よう」と明るく挨拶することで始まる日は、きっと素晴らしい一日

になるだろう。

课文单词 🔊

❶	ウォーキング ⓪	【名】	walking	健步走；走路
❷	自由だ ②	【名・形動】	freedom	自由
❸	動く ②	【自五】	move	动，移动，活动
❹	赤ちゃん ①	【名】	baby	婴儿，小娃娃
❺	ミルク ①	【名】	milk	牛奶
❻	歩行 ⓪	【名・自サ】	walk	步行，行走
❼	習得 ⓪	【名・他サ】	learn, acquire	学到，掌握
❽	得る ①	【他一】	get, gain	得，得到
❾	スポーツ ②	【名】	sport	体育，运动
❿	手軽だ ⓪	【形動】	handy	简便，轻易，不费事
⓫	ボール ⓪	【名】	ball	球
⓬	プール ①	【名】	pool	游泳池
⓭	泳ぐ ②	【自五】	swim	游泳
⓮	始める（創める） ⓪	【他一】	begin, start	开始，开创
⓯	穏やかだ ②	【形動】	calm, quiet	平静，平稳，安稳
⓰	一日 ④	【名】	one day	一日，一天
⓱	朝 ①	【名】	morning	早上，早晨
⓲	散歩 ⓪	【名・自サ】	stroll	散步
⓳	会う（逢う） ①	【自五】	meet	遇到，碰见
⓴	見知らぬ ⓪	【連体】	strange	陌生的，不认识的
㉑	明るい ⓪	【形】	cheerful; bright	爽快的，开朗的；明亮的
㉒	挨拶 ①	【名・自サ】	greet	打招呼，寒暄
㉓	始まる ⓪	【自五】	begin	开始
㉔	日 ⓪	【名】	day; sun	一天，一日；太阳
㉕	素晴らしい ④	【形】	wonderful	极好的，绝佳的

会话

とうじょうじんぶつ
登場人物

た なかひでき　　　よんじゅうご さい　だんせい　　かいしゃいん
田中秀樹： ４５歳、男性、会社員
わたなべのぼる　　はちじゅっさい　だんせい　む しょく
渡辺 昇：８０歳、男性、無職

◆ある土曜日の朝
　　　　どようび　あさ

た なか
田中：おはようございます。

わたなべ
渡辺：あ、田中さん。おはようございます。
　　　　　　 た なか

た なか　　わたなべ　　　まいにちさん ぽ
田中：渡辺さんは毎日散歩していますね。

わたなべ　さん ぽ
渡辺：散歩というか、ウォー

　　　キングですね。最近は
　　　　　　　　　　さいきん

　　　向こうの 東 山公園に
　　　む　　　ひがしやまこうえん

　　　行って写真を撮ってい
　　　い　　しゃしん　と

　　　ます。

た なか
田中：どんな写真を撮るんで
　　　　　　しゃしん　と

　　　すか。

わたなべ　こうえん　てんぼうだい　　にほんかい　み
渡辺：公園の展望台から日本海が見えるでしょう。よくそこの景
　　　　　　　　　　　　　　　　　　　　　　　　　　　　　　け

　　　色を撮っています。朝は静かなので、公園に入ると波の音
　　　しき と　　　　　　　あさ　しず　　　　　　こうえん　はい　　なみ　おと

　　　も聞こえてきますし、気持ちがいいですよ。
　　　　き　　　　　　　　　き も

た なか　　　　　　　　　　わたなべ　　　　　　　げん き　　　じんせい　たの
田中：そうですか。渡辺さんはいつも元気で、人生を楽しんでい

　　　ますよね。

渡辺：ありがとうございます。今こうして健康に生活できること
を、神様に感謝しなければなりません。ウォーキングを楽
しむように、人生も楽しみたいですね。

田中：いい言葉ですね。私も将来、渡辺さんのようなお爺さん
になりたいです。

会话单词 🔊

❶	向こう ②	【名】	the opposite side; the other party	对面；对方
❷	東山公園 ⑥	【名】	Higashiyama Park	（地名）东山公园
❸	展望台 ⓪	【名】	observation tower, observatory	展望台，瞭望台
❹	日本海 ②	【名】	Sea of Japan	日本海
❺	景色 ①	【名】	scene, landscape	景色，风景
❻	静かだ ①	【形动】	quiet	安静，寂静
❼	波 ②	【名】	wave	波，波浪
❽	音 ②	【名】	sound	声，响，声音
❾	人生 ①	【名】	(human) life	人生，一生
❿	こうして ⓪	【副・接】	thus	如此，这样地
⓫	健康 ⓪	【名・形动】	health	健康
⓬	神様 ①	【名】	god	神灵，老天爷（对神的尊称）
⓭	感謝 ①	【名・自他サ】	thank	感谢
⓮	将来 ①	【名】	future	将来，未来
⓯	お爺さん ②	【名】	old man; grandfather	老爷爷；爷爷，祖父，姥爷，外祖父

记一记

1. ソフトウェア ④ 软件
2. インストール ④ 安装
3. ダウンロード ④ 下载
4. ウィーチャット ③ 微信
5. ウェイボー ② 微博

6. フォロワー ⓪ 粉丝
7. QRコード ⓪+① 二维码
8. グループチャット⑤ 群聊
9. リンク①をシェア①する 分享链接
10. ソーシャルメディア⑤社交媒体

语法解说

1 动词的可能表达

日语中表示具备某种能力或主客观条件允许做某事的意义时，除了句型「～こ
とができる」以外，还有以下几种表达方法。

❶ 可能动词（五段动词）

将五段动词的词尾由ウ段假名变为エ段假名，然后再加上「る」即可构成可能动
词。如：「読む」→「読める」、「書く」→「書ける」。

可能动词表示具备某种能力或在某种条件下能够做某事。相当于汉语的"能
够……""可以……"。

> ◆ 生まれたばかりの人間は、自由に動けない。／刚刚出生的人，不能自由活动。
> ◆ 海外にも自由に行ける。／也可以自由地前往国外。
> ◆ 日本語の新聞も読めますか。／日文的报纸也能读吗?

❷ 一段动词未然形、力变动词未然形后接表示可能的助动词「られる」。

> ◆ 早すぎてちょっと起きられないね。／太早了，有点儿起不来呀。
> ◆ その質問は難しくて、だれも答えられなかった。／那个问题太难了，没有人
>   能答得出来。
> ◆ 李さんは最近忙しいので、明日のパーティーには来られないでしょう。／老李
>   最近很忙，明天的宴会也许来不了。

※ 近年来，也经常出现省略「ら」的用法。如：「食べる」→「食べ（ら）れる」、
「起きる」→「起き（ら）れる」。

❸ サ变动词后接「できる」。

> ◆ 外国語は一人で勉強できるのでしょうか。／能够一个人自学外语吗?
> ◆ 私の運転免許では、このようなトラックはまだ運転できない。／凭我的驾照还
>   不能开这样的卡车。

④ 动词第一连用形后接「得る（うる・える）」，表示对某事物可能性的判断。

◆ 彼が失敗するなんてありえない。／他不可能失败。

◆ どんな試練にも耐えうる。／能经得住任何考验。

※ 他动词变为可能表达时，原来所带的宾语助词「を」通常变为「が」。

如：「私はこのような車を買わない。」（我不买这种车。）→「私（に）はこのような車が買えない。」（我买不了这种车。）

2 ～による（～によって・～により）／由于……；依靠……

接续：体言＋による（によって・により）

解说：① 表示原因、理由，可译为"由于……""因为……"。

◆ ウォーキングによって気持ちのいい一日が始められるからである。／因为慢走可以迎来心情美好的一天。

◆ 雪によって電車が止まって、学校に遅刻してしまった。／因为下雪，电车停了，结果上学迟到了。

◆ 台風により、明日の飛行機はキャンセルになった。／由于台风，明天的航班取消了。

② 表示手段、方法，可译为"依靠……""通过……"。

◆ インターネットによっていろいろな情報が簡単に手に入る。／依靠互联网可以轻松获取很多信息。

◆ このデータは、特殊な計算式により算出されました。／这个数据是通过特殊的计算公式计算出来的。

3 ～というか／是说……呢，还是……

接续：名词、用言终止形（形容动词词干）＋というか

解说：本句型由「と」（表示引用的助词）、「言う」（动词）和「か」（疑问助词）构成，表示其所接的选项略带有疑问的语气。

◆ 散歩というか、ウォーキングですね。／与其说是散步，其实是健步走啊。

◆ このスープ、甘いというか、酸っぱいというか、妙な味ですね。／这汤说不上是甜还是酸，味道很特别。

◆ 持っていたお金を全部あげてしまうとは、人がいいというか、びっくりさせられた。／把所有的钱都给了别人，你说你是人太好了呢，还是什么呢，真让人感到吃惊。

4 ～ばかり／刚刚……；尽……，光……，都……，一直……

❶ 接続：动词过去式＋ばかり

解说：「ばかり」（副助词），在日语中有很多用法。本课中「ばかり」接动词过去式后，表示某种动作或行为刚刚结束。

◆ 生まれたばかりの人間は、自由に動けない。／刚刚出生的人，不能自由活动。

◆ 昨日習ったばかりの単語を忘れた。／忘掉了昨天刚学的单词。

◆ この車はこの間買ってきたばかりです。／这辆汽车是最近刚刚买的。

❷ 接続：体言、用言连体形＋ばかり

解说：「ばかり」表示限定，排除其他事物、情况。相当于"尽……""光……""一直……"。

◆ この子はファストフードばかり食べている。／这个孩子尽是吃一些快餐食品。

◆ どれもごちそうばかりですね。／无论哪个菜都是美味佳肴啊！

◆ 肉ばかりではなく、野菜も食べてください。／别光吃肉食，也得吃一些蔬菜。

◆ 力があるばかりで、ほかに能がない。／光有力气，没有别的能耐。

◆ 病気は悪くなるばかりです。／病情一直在恶化。

5 ～ようになる／变得……

接続：动词连体形＋ようになる

解说：「様」是形容动词型的助动词。这个句型表示事物的发展趋势或转变的结果。还表示某种能力的改变，前接动词可能形态。

◆ 子供は大きくなると様々な食べ物が食べられるようになる。また、歩けるように もなる。/小孩子长大一点后就可以吃各种食物，也能走路了。

◆ うちの娘は、この頃箸を上手に持てるようになってきた。/我女儿最近已经 能够熟练地使用筷子了。

◆ 私は毎朝牛乳を飲むようになった。/我现在每天早上都喝牛奶了。

◆ よく練習すれば、正しい発音で文を読むことができるようになる。/只要好好 练习，就可以逐渐用正确的发音读句子了。

◆ 私は自然に方言を使うようになった。/我可以自然地使用方言了。

◆ 私たちは一週間に一度、メールで連絡をとるようになった。/我们（变得）每 周通过邮件联系一次。

相关词语

感謝① ➡ 感染⓪、感情⓪、感覚⓪、予感⓪、好感⓪

日本海② ➡ 海水⓪、海洋⓪、海軍①、沿海⓪、海岸⓪

人生① ➡ 人権⓪、人物①、人格⓪、美人①、殺人⓪

 練習

一 词汇练习

❶ 请在下列各组词语中，找出意义、用法与其他三个不同的词语，并将其填入括号中。

① バスケ　　　　テニス　　　　泳ぐ　　　　ギター　　（　　）
② 図書館　　　　映画館　　　　動物園　　　　勉強会　　（　　）
③ 日本語　　　　英語　　　　外来語　　　　中国語　　（　　）
④ お姉さん　　　お父さん　　　先輩　　　　お母さん　（　　）
⑤ 社員　　　　画家　　　　学生　　　　課長　　（　　）

❷ 请按照日语词典中词条的排列顺序，为下列各组词语排序。

例　桜　探す　酒　咲く　→　探す　咲く　桜　酒

① 自由　周辺　渋滞　住宅　→
② 複雑　不思議　不快　増える　→
③ 元気　研究　健康だ　決済　→
④ 電話　伝統　展望台　伝説　→
⑤ 感謝　関係　関心　感じる　→
⑥ 情報　商品　将来　上手だ　→

二 语法练习

❶ 请按要求写出下表中动词的活用形。

基本形	可能形态
寝る	寝られる
得る	
伝える	
助ける	
感じる	
救う	

（续表）

基本形	可能形态
読む	
泳ぐ	
研究する	
練習する	
行く	
来る	

❷ 请参照课文在下划线上填入动词可能表达的相关句型。

　　しかし大きくなると、色々な食べ物が（食べる）①＿＿＿たり、（歩く）②＿＿＿ようになる。人間は歩行を習得することで、自由を（得る）③＿＿＿。

　　スポーツとして歩くとき、歩行はウォーキングになる。ボールがなければバスケはできないし、プールがなければ（泳ぐ）④＿＿＿ない。しかし、ウォーキングはいつでも、どこでも（する）⑤＿＿＿。また、ウォーキングは人間ならだれでもできる一番便利なスポーツでもある。

三　句型练习

❶ ＿＿＿＿＿＿＿＿＿＿＿＿＿＿＿＿＿＿＿＿ます。（可能）

a. 図書館で本を借りる　　b. 私は日本語を話す　　c. この水を飲む

❷ ＿＿＿＿＿＿＿＿というか、＿＿＿＿＿＿です。

a. 好き　仕事　　b. 感動　感謝　　c. 偶然[1]　運命[2]

❸ ＿＿＿＿＿＿＿＿＿＿＿＿＿＿＿＿＿たばかりです。

a. 今、うちに帰る

b. 昨日、日本に来る

c. 先週、この会社に入る

❹ _____れる（られる）ようになります/ました。

a. 毎日ジョギングをしたら、速く走る

b. 練習したら上手に写真を撮る

c. 日本に来てから、刺身³を食べる

> (単词)
> ❶ 偶然⓪【名】偶然　　　　❸ 刺身③【名】生鱼片
> ❷ 運命①【名】命运

四　场景练习

❶ 请参照示例，将方框内左右两边的信息相匹配后，和同学完成关于未来社会的会话。

> 例　インタビュー¹
> Ⓐ すみません。未来²の社会についてインタビューしたいんですが。
> Ⓑ はい。どうぞ。
> Ⓐ Bさんは、未来の社会はどうなると思いますか？
> Ⓑ そうですね…。今より便利になると思います。
> Ⓐ わかりました。どうもありがとうございます。

① 癌³などの病気が	a. 平和⁹になる
② 町より田舎⁴のほうが	b. 幸せ¹⁰になる
③ 今より世界が	c. 住みやすくなる
④ 科学⁵が進んで⁶、人間が	d. 治せる¹¹ようになる
⑤ 人間にとって、	e. 希望¹²のある社会になる
⑥ 貧富⁷の差⁸が	f. 豊か¹³になる
⑦ 今より生活が	g. 小さくなる

单词

1 インタビュー①【名・自サ】采访，访问
2 未来①【名】未来，将来
3 癌①【名】癌，癌症
4 田舎⓪【名】乡下，农村
5 科学①【名】科学
6 進む⓪【自五】进，前进
7 貧富①【名】贫富

8 差⓪【名】差别，差异，区别
9 平和⓪【名・形动】和平
10 幸せ⓪【名】幸福，幸运
11 治す②【他五】医治
12 希望⓪【名】希望，期望，愿望
13 豊かだ①【形动】丰富，富饶

五　阅读练习

请阅读短文，回答下列问题。

【未来のロボット】

　今はまだ、コンピュータは人間が命令[1]しないと動かない。しかし、将来はコンピュータが自分で考えて動くようになるだろう。現在、ロボットだけのサッカーチーム[2]を作って、人間と試合をするという研究が進められて[3]いる。

　ロボットは、サッカーだけでなく、ほかのこともできるようになる。ロボットは、たとえば火の中や海[4]の中など、人間が行けない場所[5]に行くことができる。そして、人間を助けたり、資源[6]を探したりすることもできるようになるだろう。

　また、将来は、料理を作るロボット、掃除をするロボット、買い物をするロボットなどができて、どの家にもロボットが見られるようになるだろう。

① どんなロボット研究が進められているのですか。

② ロボットはどんなところに行けますか。

③ あなたはどんなロボットがほしいですか。それはどうしてですか。

単词

1 命令⓪【名・他サ】命令

2 チーム①【名】组，团队

3 進める⓪【他一】推进

4 海①【名】海，海洋

5 場所⓪【名】地方，场所

6 資源①【名】资源

六　听力练习 🔊

❶ 次の会話を聞いて質問に答えてください。

質問：次の中から正しい答えを一つ選んでください。

① 男性は新しい友達のことをあまり知らない。

② 男性は友達と仲良くない。

③ 男性は毎朝公園で挨拶している。

④ 知らない人と友達になるのは気持ちいい。

单词

1 知り合う③【自五】认识，相识

2 ただ①【副】只，唯

3 知り合い⓪【名】熟人，认识的人

4 仲良く①【副】和睦地，友好地

❷ 次の文を聞いて質問に答えてください。

質問：次の中から正しい答えを一つ選んでください。

① 生まれたばかりの赤ちゃんは何もできない。

② 生まれたばかりの赤ちゃんは泣くことができる。

③ 生まれたばかりの赤ちゃんはいろいろなことができる。

④ 生まれたばかりの赤ちゃんは自分でいろいろなことをやろうとする。

单词

1 出す①【他五】发出，弄出，拿出

2 やっと⓪【副】好不容易，终于

3 ゆっくり（と）③【副】慢慢地，悠闲地

日本的体育与运动

　　日本是一个爱好体育运动的国家。不论是球类运动、田径项目，还是日本的传统体育项目，在日本都有为数众多的参与者和观众。

　　日本文部科学省（原"文部省"）在2000年9月发布过《体育振兴基本计划》，计划提出将体育振兴和发展的重心放在学校体育教育上，同时满足全体国民对体育运动的需求。此后，日本的体育教育和全民运动获得了长足的发展。事实上，日本从明治时期以来，从未忽视发展体育运动，体育设施的建设水平及人均拥有水平也始终处于世界前列。

　　以国际体育赛事最重要的代表——奥林匹克运动会为例，1912年，日本首次参加了在瑞典斯德哥尔摩举办的第五届奥运会。此后，先后23次参加夏季奥运会，并于1964年和2021年两次在东京主办夏季奥运会，在1972年（札幌）和1998年（长野）两次举办冬季奥运会。

　　在球类项目中，棒球、足球和橄榄球非常受人们的欢迎。日本高中的棒球联赛已经成为一个备受关注的品牌，"夏季甲子园"吸引了众多的观众并获得很多大企业的赞助。作为棒球选手，高中生的技战术水平固然略显稚嫩，但是他们的青春激情和努力拼搏的身影，却最能打动观众。日本足球水平也居亚洲前列，曾于2002年世界杯跻身世界16强。

　　此外，日本的传统体育竞技项目也早已成为日本文化的一部分。其中相扑被称为日本的"国技"，其角逐激烈，是观赏性较强的竞技。每年"初场""春场""夏场"等六轮各15天的比赛，给观众带来了无穷的乐趣。相扑选手中名震一时的"横纲""大关"级别的选手，也往往成为人们关注的焦点。

　　除了上述提到的体育项目，像游泳、乒乓球、剑道、柔道、围棋等，也都有出色的选手和稳定的观众群体，在日本受到广泛的欢迎。

课文会话译文

🌸 第8课 健步走

课文

　　刚刚出生的人，不能自由活动。婴儿只能喝奶，也无法吃自己喜欢的食物。可是，（当人）一点点长大后，就可以吃各种食物，也可以行走了。人可以通过学会走路而获得自由。

　　作为运动而走路时，走路就成了"健步走"。健步走非常简单，是谁都可以做到的最为简便的运动。如果没有球，就无法打篮球；如果没有游泳池，就不能游泳。可是，健步走是无论何时何地都可以进行的。

　　另外，也有一些人开始了健步走后，会感到心情变得平静。这是因为健步走开启了心情愉悦的一天。而且在清晨散步时，对遇到的陌生人开朗地说一句"早上好"，这样开始的一天，一定是非常美好的一天吧。

会话

登场人物：

田中秀树（男），45岁，公司职员。

渡边昇（男），80岁，无业。

◆某个周六的清晨

田中：早上好！

渡边：啊，田中啊。早上好！

田中：渡边先生每天都散步啊。

渡边：与其说是散步，其实是健步走啊。最近常去对面的东山公园拍照片。

田中：拍些什么样的照片啊？

渡边：从公园的瞭望台可以看到日本海吧，（我）经常拍摄那里的景色。清晨很安静，所以一进入公园，就能听到海浪的声音，心情很舒畅啊。

田中：是吗？渡边先生总是这么精神十足，享受人生啊。

渡边：谢谢。现在能这样健康地生活，必须要感谢老天啊。我想要像享受健
步走一样享受人生啊。

田中：这话说得好啊！我将来也要成为渡边先生这样的老爷爷啊。

だいきゅうか
第9課 ファストフード

能力目标
① 能用日语论述事物的优缺点。
② 能用日语转述他人的话或观点。
③ 了解快餐的利弊，理解不同生活方式的意义和影响。

语法项目
❶ ～ず（に）
❷ ～ておく
❸ 必ずしも～ない
❹ ～がする
❺ ～てある
❻ ～ことにする

课文

　街ではファストフードの店をよく見かける。「長い時間待たずに食べられる」のは魅力的だ。もし店でずっと待たなければならないなら、人はいらいらした気持ちになるだろう。

　しかし、ファストフードばかり食べていると、「太りやすい」とか「体によくない」などとよく言われる。また「時間がないからファストフードで我慢しよう」と考えたりすると、情緒に悪い影響があるそうだ。こうした状況を放置しておくと、人は疲れやすくなったり、仕事がうまく続けられなくなったりするのだ。

　そもそも人間は本心からファストフードを食べたいと思っているのだろうか。必ずしもそうではないだろう。

　ファストフードと比べると、手作り料理はどこか温かい感じがする。偶には時間を気にせず、自分や家族のために、ゆっくり料理を作ってみてもいいだろう。

　現代社会のスピード化は人間の生活を蝕んでいると言えるのかもしれない。

课文单词

❶ ファストフード ④	【名】	fast food	快餐（也说「ファーストフード」⑤）
❷ 見かける ⓪	【他一】	(happen to) see, catch sight of	看到，看见
❸ 長い ②	【形】	long	长，长的
❹ 魅力 ⓪	【名】	charm, fascination	魅力，吸引力
❺ もし ①	【副】	if	如果，假如
❻ いらいら ①	【名・自サ】	get irritated	焦急，焦躁
❼ 太る ②	【自五】	put on weight	胖，长胖
❽ 体 ⓪	【名】	body	身体，躯体
❾ 我慢 ①	【名・自他サ】	endurance	忍耐，忍受
❿ 情緒 ①	【名】	emotion	情绪
⓫ 影響 ⓪	【名・自サ】	influence, effect	影响
⓬ 状況 ⓪	【名】	situation	状况，情况
⓭ 放置 ⓪	【名・他サ】	leave... alone, neglect	放置，置之不理
⓮ 疲れる ③	【自一】	get tired	累，乏，疲劳
⓯ 旨い（上手い・甘い）②	【形】	successful; delicious; skillful	顺利的；美味的；巧妙的，高明的
⓰ 続ける ⓪	【他一】	continue	继续，坚持
⓱ そもそも ①	【副】	originally	原本，本来
⓲ 本心 ①	【名】	real intention	本心，真心
⓳ 比べる ⓪	【他一】	compare	比，比较
⓴ 手作り ②	【名】	homemade, handmade	自己做，亲手做
㉑ 温かい（暖かい）④	【形】	warm	温暖，热情；暖和
㉒ 偶に ⓪	【副】	occasionally	偶尔，有时
㉓ ゆっくり ③	【副・自サ】	slowly, leisurely	慢慢地，悠闲地
㉔ スピード ⓪	【名】	speed	快速，迅速；速度
㉕ ～化 ⓪	【接尾】	-ize	……化
㉖ 蝕む ③	【他五】	undermine	侵蚀，腐蚀

会话

登場人物（とうじょうじんぶつ）

キム・ユナ： ２２歳（にじゅうにさい）、女性（じょせい）、韓国人留学生（かんこくじんりゅうがくせい）

伊藤朝陽（いとうあさひ）：１９歳（じゅうきゅうさい）、男性（だんせい）、日本人大学生（にほんじんだいがくせい）

◆二人（ふたり）は教室（きょうしつ）で話（はなし）をしている

キム：伊藤（いとう）さん、すみません。封筒（ふうとう）や切手（きって）はどこで買（か）えばいいで

　　しょうか。

伊藤（いとう）：封筒（ふうとう）と切手（きって）なら、コンビニに置（お）いてあると思（おも）いますよ。手

　　紙（がみ）を出（だ）したいんですか。

キム：そうなんです。母（はは）に手紙（てがみ）を出（だ）したいんです。

伊藤（いとう）：でも、電話（でんわ）のほうが便利（べんり）でしょう。お母（かあ）さんもキムさんの

　　元気（げんき）な声（こえ）が聞（き）けますし。

キム：でも母（はは）は電話（でんわ）を切（き）った後（あと）、も

　　う一回声（いっかいこえ）が聞（き）きたくても聞（き）け

　　ないと言（い）っているんです。

伊藤（いとう）：そうですか、それで手紙（てがみ）に。

キム：そうです。手紙（てがみ）だと読（よ）みたい

　　時（とき）に読（よ）めるので、温（あたた）かい気持（きも）

　　ちになれると言（い）っていました。

伊藤（いとう）：確（たし）かに、電話（でんわ）を切（き）った後部屋（あとへや）の中（なか）が急（きゅう）に静（しず）かになって、寂（さび）

　　しくなりますよね。

キム：私は手紙を出してから、母に電話することにします。伊藤
　　　さんがさっき言った「元気な声」で。

会话单词 🔊

❶	封筒 ⓪	【名】	envelope	信封，封套
❷	切手 ⓪	【名】	stamp	邮票
❸	コンビニ ⓪	【名】	convenience store	便利店（「コンビニエンスストア」的简称）
❹	置く ⓪	【自他五】	put	放，搁
❺	手紙 ⓪	【名】	letter	信，书信
❻	出す ①	【他五】	send	寄出，发出
❼	切る ①	【他五】	cut	断开；切，割
❽	～回 ①	【接尾】	time	……回，……次
❾	確かだ ①	【形动・副】	certain, sure	确实，的确
❿	急に ⓪	【副】	abruptly, suddenly	忽然，突然，骤然
⓫	寂しい ③	【形】	lonely	寂寞的，孤寂的，孤独的
⓬	さっき ①	【副】	a little while ago	刚才，方才

记一记 🔊

❶ 餃子 ⓪ 饺子
❷ 麻婆豆腐 ⑤ 麻婆豆腐
❸ 北京ダック ④ 北京烤鸭
❹ 羊肉のしゃぶしゃぶ ⓪+⓪+① 涮羊肉，羊肉火锅
❺ チャーハン ① 炒饭

❻ シューマイ ⓪ 烧卖
❼ チンジャオロース ⑤ 青椒肉丝
❽ 春巻き ⓪ 春卷
❾ 中華まん ④ 包子
❿ 回鍋肉 ③ 回锅肉

语法解说

1 ～ず（に）／不……，没……；不……而……

接续：动词未然形＋ず（に）

解说：「ず」是文言文中表示否定的助动词，通常用于书面语或者一些惯用的表达方式中。口语中多使用「ないで」的形式。「する」的文言文否定形式为「せず」。

◆ ファストフードの店では長い時間待たずに食べられる。／在快餐店无须长时间等待就可以就餐。

◆ 何も食べずに寝ている。／什么都没吃就睡了。

◆ 切手を貼らずに手紙を出してしまった。／没贴邮票就把信寄出去了。

◆ よく噛まずに食べると、胃に悪いよ。／如果不好好咀嚼就会伤胃。

◆ 途中で諦めないで、最後まで頑張ってください。／请不要半途而废，要努力到最后。

◆ 勉強せずにテストでいい点数を取るのは難しい。／不学习取得好成绩是很困难的。

2 ～ておく／……好……

接续：动词第二连用形＋ておく

解说：① 本句型由助词「て」和「置く」构成，「置く」是五段他动词。表示事先做好某种准备。

◆ ゼミが始まるまでに、レポートを書いておかなければならない。／研讨会开始之前，一定要把报告写好。

◆ 出かける前に切符を予約しておいたほうがいい。／出发前应该事先把票订好。

② 表示将某种行为的结果继续保持下去。

◆ エアコンはつけたままにしておいてください。／空调请一直开着。

◆ 大事なことだから、覚えておきなさい。／这是很重要的事情，可要记住啊。

③ 必ずしも～ない／未必……，不一定……

接続：必ずしも＋形容詞連用形、形容動詞連用形、動詞未然形＋ない

解説：「必ずしも」是副词，和后面的否定语气相呼应，表示"未必……"。后常接「～わけではない」「～とは限らない」「～とは言えない」。

◆ そもそも人間は本心からファストフードを食べたいと思っているのだろうか。必ずしもそうではないだろう。／说起来，人们真的是发自内心想要吃快餐的吗？未必如此吧。

◆ 必ずしも正しいとは言えない。／不能说一定是正确的。

◆ 必ずしも成功とは限らない。／未必成功。

◆ 成績のいい学生は必ずしも頭がいいとは言えない。／成绩好的学生未必聪明。

◆ 難しい言葉を使った文章が必ずしも人に感動を与えるとは言えない。／使用深奥词语的文章未必就一定能打动人心。

④ ～がする／觉得……，感觉……

接続：名詞＋がする

解説：「する」是一个较为常见的他动词。但是，「する」也有自动词的词性，以「～がする」的形式表示有某种感觉。前接表示声音、气味、感觉等的名词，如：「香り」「味」「気分」「音」「匂い」等。

◆ 手作り料理はどこか温かい感じがする。／自己做的菜肴总会让人感到一种温暖。

◆ 少し寒気がするね。／稍微有点儿发冷。

◆ 隣の部屋から、人の話し声がする。／从隔壁房间传来人说话的声音。

◆ 台所からいい匂いがしてきた。／从厨房里飘出来一股香味儿。

◆ 彼とはうまくやっていけるような気がする。／感觉能够和他很好地相处下去。

5 〜てある／……着

接续：他动词第二连用形＋てある

解说：本句型由「て」（助词）和「ある」（五段自动词）构成，表示人为动作、行为的结果、状态依然存在。原宾格助词「を」要变成「が」。

◆ 封筒と切手なら、コンビニに置いてあると思いますよ。／信封和邮票啊，在便利店就有。

◆ 壁に美しい絵が描いてあります。／墙上画着美丽的图画。

◆ 冷蔵庫にジュースや果物が入れてあります。／冰箱里放有果汁和水果什么的。

◆ 紙に彼の名前が書いてあります。／纸上写着他的名字。

◆ 作文なら、もう書いてあるよ。／作文的话，我已经写好了。

6 〜ことにする／决定……，定下……

接续：动词连体形＋ことにする

解说：本句型由「こと」（形式体言）、「に」（助词，表示结果）、「する」（动词）构成，表示主观地选择或决定某事。"体言＋にする"则表示某种选择。

◆ 私は手紙を出してから、母に電話することにします。／我打算寄出信之后再给妈妈打个电话。

◆ 今度の土曜日に、留学生と一緒に山を登ることにしました。／定于本周六同留学生一起去登山。

◆ 駅へ行くよりも家で電話を待つことにしよう。／与其去车站，还不如在家里等着电话吧。

◆ A：ご注文は？／您要点什么？

　 B：コーヒーにします。（「コーヒーを注文することにします」的省略形式）／我要咖啡。

◆ A：バスで行く？タクシーで行く？／乘公车去？还是乘出租车去？

　 B：今日は雨なので、タクシーにしようよ。（「タクシーに乗ることにしよう」的省略形式）／今天下雨，乘出租车吧。

相关词语

本心① ➡ 決心①、中心◎、安心◎、虚栄心②、心理学③
ほんしん　　　　けっしん　　ちゅうしん　　あんしん　　きょえいしん　　しんりがく

魅力◎ ➡ 協力◎、実力◎、能力①、勢力①、暴力①
みりょく　　きょうりょく　じつりょく　のうりょく　せいりょく　ぼうりょく

放置◎ ➡ 放棄①、放射◎、放火◎、開放◎、解放◎
ほうち　　　ほうき　　ほうしゃ　　ほうか　　かいほう　　かいほう

练习

一 词汇练习

① 请在下划线上填入适当内容，使每题构成一个更完整的意义。

① _____化　　② _____会　　③ _____部

④ 来_____　　⑤ 小_____

② 请按照提示，将下列形容词分类，并写出其日语汉字形式。

① さびしい　　② めずらしい　　③ ただしい　　④ したしい

⑤ むずかしい　　⑥ おとなしい　　⑦ おいしい　　⑧ うつくしい

⑨ すばらしい　　⑩ たのしい

A（表示情感的形容词）：
B（表示对人或事物评价的形容词）：

二 语法练习

① 请根据括号中的提示词语，在下划线上写出动词的可能形态。

① 最近は、Eメール¹で連絡が（取る）____ようになりました。

② 卒業後、私はネクタイが上手に（結ぶ²）_____ようになりました。

③ 衛星³放送が始まって、世界のニュース⁴がいつでも（見る）_____ようになりました。

③ 25世紀⁵になったら、だれでも宇宙⁶旅行に（行く）_____ようになると言われています。

⑤ 外国語を勉強して、いろいろな国の人と（話す）_____ようになりたいです。

❷ 请参照课文在下划线上填入适当的助词。

　　街ではファストフードの店①＿＿＿よく見かける。「長い時間待たず②＿＿＿
食べられる」③＿＿＿は魅力的だ。

　　しかし、ファストフードばかり食べている④＿＿＿、「太りやすい」とか
「体によくない」などとよく言われる。また「時間がないからファストフー
ド⑤＿＿＿我慢しよう」と考えたりすると、情緒に悪い影響があるそうだ。
こうした状況を放置しておく⑥＿＿＿、人は疲れやすくなったり、仕事⑦
＿＿＿うまく続けられなくなったりする⑧＿＿＿だ。

> （単词）
>
> 1 メール⓪【名】邮件，短信　　　　　4 ニュース①【名】消息，新闻
> 2 結ぶ⓪【他五】系，结　　　　　　　5 世紀①【名】世纪；年代
> 3 衛星⓪【名】卫星　　　　　　　　　6 宇宙①【名】宇宙，太空

三　句型练习

❶ ＿＿＿＿＿＿＿＿＿＿＿ずに＿＿＿＿＿＿＿＿＿＿＿＿ます/ました。

> a. 布団¹を掛ける　　　寝る
>
> b. 切手を貼る²　　　手紙をポスト³に入れる
>
> c. 水着⁴を持つ　　　海に行く

❷ ＿＿＿＿＿＿＿＿＿＿ばかり＿＿＿＿＿＿＿＿＿＿ています。

> a. 彼は甘い⁵もの　　　食べる
>
> b. 伊藤さんはゲーム　　　やる
>
> c. 彼女はタピオカ⁶　　　飲む

❸ _____ ておきます。

a. 本をここに置く

b. テストの前に、教科書⁷を読む

c. 会議の前に、資料⁸をコピーする

❹ _____ てあります。

a. 宿題⁹をする

b. 机の上にチケットを置く

c. 壁¹⁰にポスター¹¹を貼る

❺ _____が必ずしも_____とは限りません。

a. 手作りのケーキ　　　　おいしい

b. 一人暮らし¹²　　　　寂しい

c. 新聞¹³に書いてあること　　真実¹⁴

（単词）

1 布団⓪【名】被子
2 貼る⓪【他五】粘，贴
3 ポスト①【名】邮筒，信箱
4 水着⓪【名】游泳衣
5 甘い⓪【形】甜
6 タピオカ⓪【名】珍珠奶茶（「タピオカ
　　ミルクティー」的简称）
7 教科書③【名】教科书，课本

8 資料①【名】资料
9 宿題⓪【名】作业
10 壁⓪【名】墙，壁
11 ポスター①【名】宣传画，海报
12 一人暮らし④【名】单身生活，一个人过
　　日子，独居
13 新聞⓪【名】报纸
14 真実①【名】真实

四 **场景练习**

❶ 练习对他人提建议的表达方式。请使用「～たらどうですか」「～ばいいです
よ」两个句型完成适合下列场景的表达方式（注意这种表达方式多对关系
亲密的人使用，一般不适用于陌生人、上司或长辈）。

①（妈妈劝说满脸倦怠的孩子早点休息）

もう12時よ。早く＿＿＿＿＿＿。

②（劝说与恋人吵架后一直在等对方电话的朋友）

A：あなたのほうから、＿＿＿＿＿＿＿。

B：いやよ、悪いのは彼なんだから。

③（邀请留学生朋友参加聚会）

A：B君も明日パーティーに＿＿＿＿＿＿

B：楽しそうだね。でも明日は別[1]の予定[2]があるんだ。ごめん[3]ね。

❷ 下表左侧提供了不同的场景，右侧为要做的事，请参照示例描述某场景
下要做的事情。

场景	要做的事
例 文化祭	歌を歌う／劇をする／踊りを踊る
①母の日に	花をあげる／カードをあげる
②お腹[4]が空いたら[5]	ハンバーガー[6]屋に行く／ラーメン[7]屋に行く
③お金があったら	スマホを買う／新しいパソコンを買う
④卒業[8]したら	留学に行く／会社に入る

例 文化祭で、歌を歌うことにします。

単词

[1] 別⓪【名・形动】另外，不同
[2] 予定⓪【名・他サ】预定
[3] ご免⓪【名】请原谅，对不起
[4] お腹⓪【名】肚子，肠胃
[5] 空く⓪【自五】肚子空，肚子饿
[6] ハンバーガー③【名】汉堡包
[7] ラーメン①【名】拉面，汤面
[8] 卒業⓪【名・自サ】毕业

五　阅读练习

请阅读短文，回答下列问题。

【カルチャー[1]センター】

　　「日本人は働き[2]すぎる」とよく言われていますが、最近は必ずしもそうではありません。確かに、今までは忙しすぎて、毎日の生活や仕事のことしか考えられませんでした。しかし、経済が発展して生活に余裕[3]ができたので、自分のために時間を使いたいと思う人が増えました。

　　また、最近は「生涯[4]学習」という考えが広まり[5]、学校を卒業した後もずっと何かを学び続けたいと思う人が多くなりました。その結果[6]、カルチャーセンター、公民館[7]、放送大学など、大人も学べるところが増えてきました。中でも、カルチャーセンターは、いつからでも学ぶことができるので、とても人気があります。

　　カルチャーセンターは、学校と違って、学びたいことだけを学べます。心豊かな人生を送るための一つの手段[8]として、このような場[9]を上手に利用[10]する人が、これからもますます[11]増えていくでしょう。

① カルチャーセンターが生まれたのはなぜですか。
② 「生涯学習」とは、どのような考えですか。
③ カルチャーセンターと学校には、どのような違いがあると思いますか。
④ 「心豊かな人生」とは、どのような人生だと思いますか。

（单词）

1 カルチャー①【名】文化
2 働く⓪【自他五】工作，劳动
3 余裕⓪【名】富余
4 生涯①【名】毕生，终生
5 広まる③【自五】扩大
6 結果⓪【名】结果

7 公民館③【名】文化馆，公民馆
8 手段①【名】手段，办法
9 場⓪【名】场所，地方
10 利用⓪【名・他サ】利用
11 ますます②【副】越来越，更加

六　听力练习　🔊

❶ 次の会話を聞いて質問に答えてください。

質問：男性が買ってきたものはなんですか。

① サラダ
② サンドイッチ
③ ハンバーガーのセット
④ フルーツ

（单词）

1 ダイエット①【名・自サ】节食，减肥
2 サラダ①【名】沙拉，凉拌菜
3 匂い（臭い）②【名】味道，气味；臭味
4 ランチ①【名】午饭
5 パン①【名】面包
6 肉②【名】肉
7 トマト①【名】西红柿，番茄
8 レタス①【名】生菜

9 チーズ①【名】奶酪
10 野菜⓪【名】蔬菜，青菜
11 オレンジジュース⑤【名】橙汁
12 セット①【名・他サ】套，组；安排，调整
13 果物②【名】水果
14 サンドイッチ④【名】三明治
15 ハンバーガー③【名】汉堡包
16 フルーツ②【名】水果（「果物」的外来语）

❷ 次の文を聞いて質問に答えてください。

質問：新しい規則はどんなものですか。

① 遅刻禁止
② 会社での残業禁止
③ 夜7時後の残業禁止
④ 家でゆっくり休む

（单词）

1 遅刻⓪【名・自サ】迟到
2 規則①【名】规则
3 今後⓪【名】今后

4 以降①【名】以后，之后
5 残業⓪【名・自サ】加班

日本人自豪的"发明"

　　20世纪让日本人感到自豪的产品是什么呢？对此，"富士综合研究所"进行了一项问卷调查。据报道，该项调查选取了日本东京地区2 000名日本人作为调查对象，要求参加者在"文化""事物""技术"三个类别中，选出让国际社会赞赏的日本产品，最终方便面获得了692票，拔得头筹，成为最让日本人感到自豪的日本制造的产品之一。

　　现在一般认为全球第一包方便面诞生于1958年，是由日籍华人安藤百福发明的「チキンラーメン」（鸡肉拉面）。此后安藤百福将这一发明商品化，并申请了方便面的制造专利权。此后，方便面因其方便快捷、品类繁多、经济实惠等特点在全球各地受到广泛欢迎。在亚洲，方便面的诞生甚至在一定程度上改变了人们的生活方式。据"日本即席食品工业协会"所做的调查，半数以上的消费者会想在"不想外出的黄金周"吃方便面，想在"刮台风的周末""深夜读书时"吃方便面的消费者人数也很多。如果在中国做类似的调查，想必会有为数众多的消费者将"火车上"作为吃方便面的常见场所。

　　自从方便面作为商品进入中国市场，方便面产业在中国就获得了迅速的发展。2015年，中国方便面消费量达到404.3亿份。此后由于高铁的普及、旅行时间缩短、外卖市场扩大，方便面消费量呈下行趋势。但到2018年，这一数据仍维持在402.5亿份，位列世界第一。而同为亚洲国家的印度尼西亚以约120亿份的消费量，位居第二。

　　日本即席食品工业协会还开展过更为具体和有针对性的调查。例如，在2001年所做的调查中，当受访者被问到"最想请世界上哪位名人吃方便面"的时候，德川幕府的开创者德川家康获得了最多的票数。由此看来，对于日本消费者而言，方便面已经不仅仅是一种食品，还具有了某种"性格"的特征。

课文会话译文

第9课　快餐

课文

　　在大街上，快餐店随处可见。快餐的魅力在于无须长时间等待就可以就餐。如果要在店里等很长时间的话，人的心情恐怕会变得很烦躁。

　　但是，人们常说如果只吃快餐就"容易变胖""不利于健康"。此外，有时还会有"没有时间了，就吃快餐对付一口吧"的这种想法，据说这会给情绪带来负面的影响。如果对这种状况置之不理，人就会变得容易疲劳，工作也难以顺利地持续开展下去。

　　说起来，人们真的是发自内心想要吃快餐的吗？未必如此吧。

　　和快餐相比，自己做的菜肴总会让人感到一种温暖。为了我们自己或者家人，偶尔不去在意时间，尝试着悠闲地做做饭菜也很好吧。

　　也许我们可以说，现代社会的快节奏，正在侵蚀着人们的生活。

会话

登场人物：

金由奈（女），22岁，韩国留学生

伊藤朝阳（男），19岁，日本大学生

◆两人在教室里谈话

　　金：伊藤，我想问一下，信封、邮票这些东西在哪里能买到啊？

伊藤：信封和邮票啊，在便利店就有。是想寄信吗？

　　金：可不是嘛。想给妈妈寄信。

伊藤：不过，电话更方便吧？你母亲也可以听到你精神饱满的声音。

　　金：可是，我妈妈说挂断电话之后即使想再听一遍也无法听到了。

伊藤：是这样啊。于是就想写信啦？

金：嗯。我妈妈说如果是书信，想看的时候就能看到，心里会感到很温暖。

伊藤：确实，一旦挂断电话，屋子里一下子就安静了，真是会感到寂寞的。

金：我打算寄出信之后再给妈妈打个电话。就用你刚才说的那种"精神饱满的声音"。

第10課 <ruby>母<rt>はは</rt></ruby>の<ruby>日<rt>ひ</rt></ruby>

だいじゅっか

能力目标

① 能用日语描述交际中的使役行为。

② 能在交际中掌握日语口语的特定表达方式。

③ 了解日本的节假日和纪念日，理解其蕴含的社会文化意义。

语法项目

① 使役助动词（せる・させる）

② 〜らしい

③ 〜なさい

④ 〜てはいけない

⑤ 〜によって（情况）

⑥ 口语的省略与变形

课文

　子供にとって母親は、ご飯を作ってくれたり、日常生活の世話をしてくれる特別な存在だ。子供が小学校に入ると、母親はよく「子供は子供らしく親の言うことを聞きなさい」と言い、子供に作文を書かせたり、難しい算数の問題を解かせたりする。母親は子供に厳しい時もあるが、いつも子供のことを考えている。

　親の期待に応えるため、多くの子供たちは真面目に勉強する。しかし努力するのはいいことだが、やりすぎて体を壊し、親を心配させてはいけない。また親の言うことを聞かず、親を怒らせることもあるだろう。親子の関係は複雑で、家庭によって異なる。

　5月の第二日曜日は母の日だ。子供たちはこの日、母親にプレゼントを贈る。母親にとって、子供が自分を喜ばせるために準備してくれたプレゼントは宝物だ。成長して実家を離れた後でも、母の日には母親に感謝の気持ちを伝えよう。

课文单词

❶	特別だ ⓪ とくべつ	【名・形动】	particular	特别，格外
❷	小学校 ③ しょうがっこう	【名】	primary school, elementary school	小学
❸	親 ② おや	【名】	parent(s)	双亲，父母，家长
❹	作文 ⓪ さくぶん	【名・自他サ】	composition	作文，（写）文章
❺	算数 ③ さんすう	【名】	arithmetic	算术
❻	解く ① と	【他五】	solve, resolve	解答；解决
❼	厳しい ③ きび	【形】	strict	严的，严格的，严厉的
❽	期待 ⓪ きたい	【名・他サ】	expectation	期待，期望
❾	応える ③ こた	【自一】	respond, react	回应，反应
❿	真面目だ ⓪ まじめ	【名・形动】	earnest	认真，踏实
⓫	壊す ② こわ	【他五】	destroy; break	损害，伤害；弄坏
⓬	心配 ⓪ しんぱい	【名・形动・自他サ】	care; anxiety	担心，挂念；不安
⓭	親子 ① おやこ	【名】	parent and child, parents and children	父母和子女
⓮	家庭 ⓪ かてい	【名】	household, family, home	家庭
⓯	異なる ③ こと	【自五】	differ	不同，不一样
⓰	第〜 ① だい	【接头】	No. …	第……
⓱	プレゼント ②	【名・他サ】	present	礼品，礼物；送礼
⓲	贈る ⓪ おく	【他五】	give	赠送，给予
⓳	喜ぶ ③ よろこ	【自五】	be glad, be pleased	欢喜，高兴，喜悦
⓴	準備 ① じゅんび	【名・他サ】	prepare	准备，预备
㉑	宝物 ⓪ たからもの	【名】	treasure	宝物，宝贝
㉒	成長 ⓪ せいちょう	【名・自サ】	growth	成长，发育；增长
㉓	離れる ③ はな	【自一】	separate	分离，分开，离开

会话

登場人物
とうじょうじんぶつ

やまもとれいな　　　　にじゅうにさい　じょせい　かいしゃいん
山本玲奈：２２歳、女性、会社員
なかむらさなえ　　　　にじゅうさんさい　じょせい　かいしゃいん
中村早苗：２３歳、女性、会社員

◆二人は会社の食堂で話をしている
　ふたり　かいしゃ　しょくどう　はなし

山本：父の日、いつだったか覚えてる？
やまもと　ちち　ひ　　　　　　　　　　おぼ

中村：６月だったよね。携帯で調べてみる。６月の第三日曜日、
なかむら　ろくがつ　　　　　　けいたい　しら　　　　　ろくがつ　だいさんにちようび

　　　もうすぐだね。

山本：そうかあ。今年はどうしようかな。
やまもと　　　　　　ことし

中村：偉いね。毎年、お父さんにプレゼント贈ってるんだね。
なかむら　えら　　　まいとし　　とう　　　　　　　　　おく

山本：母の日と比べて父の日は印象薄いし、お父さんがかわいそ
やまもと　はは　ひ　くら　ちち　ひ　いんしょううす　　　とう

　　　うだからね。

中村：お父さん、喜んだでしょ。去年は何を贈ったの？
なかむら　とう　　　　よろこ　　　　　きょねん　なに　おく

山本：去年はシャツをあげたの。父が着られるのを選ぶのはかな
やまもと　きょねん　　　　　　　　　　ちち　き　　　　　えら

　　　り大変だった。
　　　たいへん

中村：そうかあ。今年は私も父に
なかむら　　　　　　ことし　わたし　ちち

　　　何か贈ってあげようかな。
　　　なに　おく

山本：そうしなよ。お父さん、
やまもと　　　　　　　　とう

　　　きっと喜ぶよ。
　　　　　よろこ

中村：うん、そうするね。ありが
なかむら

　　　とう。

会话单词

❶	携帯 ⓪	【名・他サ】	cell phone; carry	手机（「携帯電話」的简称）；携帯
❷	直ぐ（に）①	【副】	at once, immediately	马上，将要，快要
❸	今年 ⓪	【名】	this year	今年
❹	偉い ②	【形】	admirable, great	出色的，了不起的
❺	印象 ⓪	【名】	impression	印象
❻	薄い ⓪	【形】	thin, light	薄的，浅的
❼	去年 ①	【名】	last year	去年
❽	シャツ ①	【名】	shirt	（西式）衬衫，衬衣
❾	着る ⓪	【他一】	put on, wear	穿
❿	選ぶ ②	【他五】	select, choose, pick	选，选择，挑选
⓫	うん ①	【感】	yes, okey	嗯，哦

 ## 记一记

❶ 焼き鳥 ⓪ 烤鸡肉串

❷ ラーメン ① 拉面，汤面

❸ 笊蕎麦 ⓪ 荞麦面条

❹ カレー ⓪ 咖喱

❺ 天麩羅 ⓪ 天妇罗，（裏面）炸虾、鱼、蔬菜等

❻ 饂飩 ⓪ 乌冬面

❼ 鋤焼き ⓪ 日式火锅

❽ 鰻重 ② 鳗鱼盒饭

❾ 味噌汁 ③ 日式酱汤，味噌汤

❿ 漬物 ⓪ 腌菜，酱菜

语法解说

1 动词使役态

在日语中，"使别人做某事"或"让某事物发生变化"称之为"使役态"或"使役式"。使役态主要依靠使役助动词「せる」「させる」来体现。

接续：五段动词、サ变动词未然形＋せる

一段动词、カ变动词未然形＋させる

分类		词例	词干	未然形	使役态
五段动词	カ行	書く	か	かか	かかせる
	ガ行	泳ぐ	およ	およが	およがせる
	サ行	話す	はな	はなさ	はなさせる
	タ行	立つ	た	たた	たたせる
	ナ行	死ぬ	し	しな	しなせる
	バ行	飛ぶ	と	とば	とばせる
	マ行	読む	よ	よま	よませる
	ラ行	降る	ふ	ふら	ふらせる
	ワ行	歌う	うた	うたわ	うたわせる
一段动词		食べる	た	たべ	たべさせる
		教える	おし	おしえ	おしえさせる
サ变动词		する	○	さ	させる
カ变动词		来る	○	こ	こさせる

解说：「せる」「させる」按照一段动词进行词尾变化。使役态表示使动、使役。

类似于汉语"让……""使……""叫……"等。

◆ 先生は学生に会話の練習をさせます。／老师让学生做会话练习。

◆ これは父がわたしに読ませた本です。／这是父亲让我读的书。

◆ 母親は子供に作文を書かせたり、難しい算数の問題を解かせたりする。／母亲让孩子写作文、解数学难题。

◆ 彼にやらせれば、もっと上手にできますよ。／如果让他做的话，会做得更好。

◆ 家族の人は太郎を心配させないために最近まで知らせなかった。／家里人为了不让太郎担心，直到最近才通知他。

◆ いつも子供を泣かせるのはよくない。／老让孩子哭不好。

※ **在使役句中，当动词为自动词时，被使役者用格助词「を」来表示；当动词为他动词时，被使役者用格助词「に」来表示。**

2 ～らしい／像样的……

接续：体言＋らしい

解说：「らしい」（形容词型接尾词）接在名词后，表示具有这一事物应有的特征或性质。可根据不同情况译为"像样的……"或"地道的……"等。

◆ 母親はよく「子供は子供らしく親の言うことを聞きなさい」と言う。／母亲会经常叮嘱，"孩子就应该像个孩子样，要认真听爸爸妈妈的话"。

◆ これらは日本らしいサービスだ。／这些是日本式的服务。

◆ わたしは日本語らしい日本語を話したいです。／我想说地地道道的日语。

◆ 大きくなったら、男らしい男になりたいです。／将来长大了，我要做一个真正的男子汉。

◆ 今日はどうしたんですか。どうも君らしくないですね。／你今天是怎么了，好像变了个人一样。

3 ～なさい／请你……，你……吧

接续：动词第一连用形＋なさい

解说：「なさい」是「なさる」（特殊变化的五段动词）的命令形。表示请求或命令，常用于无须很客气（如教师对学生、父母对孩子）的场合，有时略带有亲昵的语气。

◆ さっさと行きなさい。／快点儿去！

◆ 次の質問に答えなさい。／请回答下面的问题。

◆ ピアノの練習をしなさい。／你快练琴！

◆ 早く帰りなさい。／要早点儿回来啊！

◆ タバコをやめなさい。／请不要吸烟了。

4　〜てはいけない／不许……，不要……

接续： 动词第二连用形＋てはいけない

解说： 本句型由「て」（助词）、「は」（助词）、「行ける」（动词）构成，表示禁止别人做某事。

◆ 子供は親を心配させてはいけない。／孩子不要让父母担心。

◆ 相手が若いからと言って油断してはいけない。／不要因为对手年轻就疏忽大意。

◆ 決まった種類のゴミ以外は捨ててはいけません。／固定种类以外的垃圾是不可以扔的。

◆ 他人に「給料はいくらですか」と聞いてはいけません。／不能问别人"工资是多少"。

5　〜によって／根据……情况

接续： 体言＋によって

解说： 表示根据前项情况的不同，会产生后项内容的变化或不同。经常以「〜によって〜が違う・異なる」的形式出现。

◆ 国によって風俗習慣は異なります。／国家不一样，风俗习惯也各不相同。

◆ それを認めるかどうかは、人によって違うでしょう。／是否认可这一点，因人而异。

◆ 家庭によって子どもの教育方針は全然違います。／每个家庭不一样，孩子的教育方针也完全不同。

6 口语的省略与变形

在日语的日常口语中，存在很多不同于书面语的特定表达形式。句子成分的省略，是日语的一个重要的特点。在日常的口语中，不仅仅句子成分，单词内部的省略、变形也十分突出。这些口语的表达形式虽然很常见，但是通常在日语词典里却难觅其踪。

尽管随着网络的发展，出现了多种新型交流方式，书面语与口语的界限不断趋于模糊，然而在较为正规的书面语（如学术论文、政府公告等）中仍然不会出现口语的特定表达形式。另一方面，在人际交往中，这些口语的特定表达形式却占有非常重要的地位，尤其对于不在日本国内的日语学习者来说，它既是一个重点，也是学习的一个难点。

下面仅就本课会话中出现的几种口语特定表达形式进行分析。

❶ 山本：父の日、いつだったか覚えてる？／父亲节，是哪一天，你记得吗？

中村：偉いね。毎年、お父さんにプレゼント贈ってるんだね。／你真了不起。
每年都给父亲送礼物啊。

上面例句中的「覚えてる」「贈ってる」分别是「覚えている」「贈っている」的口语省略表达形式，在日语中称之为「い抜き言葉」。即在「～ている（～ています）」的句型中省略了「い」。这是在口语对话中自然产生的省略现象，意义不变，多了一些"随意"或"亲昵"的语感。

※ 动词第二连用形后接「て」时，后面出现的「い」音在口语中经常被省略。

如：～ている→～てる

　　～ていれば→てれば

　　～ていく→てく

◆ お茶を飲んでる。／正在喝茶。
◆ あの人は、英語を教えてる先生だ。／他是教英语的老师。
◆ その辺で待ってればいいんだ。／在那附近等着就可以了。
◆ 大きな鳥が南へと飛んでく。／大鸟朝南飞去。

❷ 中村：お父さん、喜んだでしょ。去年は何を贈ったの？／你父亲很高兴吧？
去年送了什么啊？

上例中的「でしょ」则是敬体判断助动词「です」的推量形「でしょう」的口语省略表达形式。

❸ 中村：偉いね。毎年、お父さんにプレゼント贈ってる<u>んだ</u>ね。／你真了不起。

　　　毎年都给父亲送礼物啊。

下划线部分的「んだ」是「のだ」在口语中的变形。

◆ 帰省するつもりだから、休暇を取ったんだ。／打算回家探亲，所以请了假。

不仅如此，五十音图中的「ら」行音在口语中经常变成「ん」音。如：

◆ 信じられない→信じらんない／难以相信
◆ 待っているのだ→待ってんだ／在等待着
◆ 分からない→分かんない／不懂

🐌 相关词语

作文⓪ ➡ 文章①、文学①、原文⓪、文法⓪、文明⓪

特別⓪ ➡ 特徴⓪、特色⓪、特長⓪、特産⓪、特殊⓪

成長⓪ ➡ 完成⓪、成績⓪、成立⓪、成功⓪、賛成⓪

练习

一　词汇练习

❶ 请根据所给的单词或短语，在下边有序号的方格中填入适当的假名（每个方格填一个假名）。

お疲れ様	宝物	九日	可愛い	寂しい
いくら	交差点	綿あめ	早め	あちら

		お		こ		さ	
		①		こ		⑦	
	た	か	⑨	も	の	し	
		れ		②	わ	い	③
こ	④	さ	て	ん		⑤	く
		ま			あ	⑧	ら
				は	や	⑥	

❷ 下列词语是动词的使役态，请根据使役态的变化方式，写出该动词的基本形及日语汉字形式。

例　かかせる　→　かく　→書く

① とかせる　　　→　　　　　　　→
② おこらせる　　→　　　　　　　→
③ よろこばせる　→　　　　　　　→
④ のませる　　　→　　　　　　　→
⑤ いわせる　　　→　　　　　　　→
⑥ いかせる　　　→　　　　　　　→
⑦ またせる　　　→　　　　　　　→
⑧ よませる　　　→　　　　　　　→
⑨ えらばせる　　→　　　　　　　→
⑩ かえらせる　　→　　　　　　　→

二 语法练习

❶ 请根据提问，完成回答内容，并将其填在下划线上。

① 教室の中で弁当を食べてもいいですか。 いいえ、＿＿＿＿＿＿＿＿。

② もう家に帰ってもいいですか。 はい、＿＿＿＿＿＿＿＿＿＿＿。

③ これを使ってもいいですか。 はい、＿＿＿＿＿＿＿＿＿＿＿。

④ 教室の中で水を飲んでもいいですか。 いいえ、＿＿＿＿＿＿＿＿。

⑤ ここで、写真を撮ってもいいですか。 いいえ、＿＿＿＿＿＿＿＿。

❷ 请参照课文在下划线上填入适当的助词。

　　子供が小学校①＿＿入ると、母親はよく「子供は子供らしく親②＿＿言うことを聞きなさい」と言い、子供に作文③＿＿書かせたり、難しい算数の問題を解かせたりする。母親は子供④＿＿厳しい時もあるが、いつも子供⑤＿＿ことを考えている。

　　親の期待⑥＿＿応えるため、多く⑦＿＿子供たちは真面目に勉強する。しかし努力するのはいいことだが、やりすぎて体を壊し、親⑧＿＿心配させてはいけない。また親の言うことを聞かず、親を怒らせることもあるだろう。親子の関係は複雑で、家庭によって異なる。

三 句型练习

❶ ＿＿＿＿＿＿は＿＿＿＿＿＿に（を）＿＿＿＿＿＿せ/させます/ました。

a. 私　　　　彼　　　　ゴミを捨てる[1]

b. 田中先生　　学生たち　　作文を書く

c. 姉　　　　弟　　　　公園まで来る

❷ ＿＿＿＿＿＿＿は＿＿＿＿＿＿＿＿らしいです。

a. 彼の態度　　　　　　とても日本人

b. 伊藤さんの中国語の発音は　　　とても中国語

c. 今日の天気² 　　　　　　　　　　　春

❸ _____なさい。

a. 早く起きる

b. 正しい答えにマーク³を付ける

c. 解き方を覚える

❹ _____ては／ではいけません。

a. 子供はお酒を飲む 　　　　b. この絵を捨てる 　　　　c. タバコ⁴を吸う

単词

① 捨てる⓪【他一】扔掉，抛弃　　　③ マーク①【名】记号，标记

② 天気①【名】天气　　　　　　　　④ タバコ⓪【名】香烟

四　场景练习

❶ 请参照示例，根据图片所示内容和下方的提示信息，用使役态完成对下列场景的描述。

例

僕が来られないなら、弟を来させます。

①

先生が質問¹して、学生に＿＿＿＿＿＿＿＿＿＿。

②

子供に夜遅くまでテレビを＿＿＿＿＿＿＿＿＿＿。

③

子供にお菓子をあんなにたくさん＿＿＿＿＿＿＿＿＿。

❷ 请根据下图所示内容，参照示例分别用敬体和简体描述赠予或接受礼物的场景，也可以和同学用会话的形式来练习。

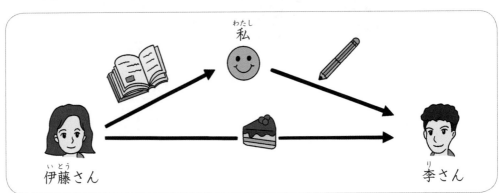

例　私は、伊藤さんから本をもらいました。／もらった。
　　私は、李さんにペン[2]をあげました。／あげた。

Ａ　伊藤さんから何をもらったの？
Ｂ　本をもらった。
Ａ　李さんに何をあげたの？
Ｂ　李さんにペンをあげた。

（単词）
[1] 質問⓪【名・自サ】询问，提问　　　　[2] ペン①【名】笔，钢笔

五　阅读练习

请阅读短文，回答下列问题。

【日本の教育費】
　　日本の学校には公立[1]と私立[2]があります。公立の小、中学校の場合、給食費と教材費以外無料[3]ですが、私立の場合は入学金[4]や授業料[5]を払わ[6]なければなりません。義務教育が終わると、全ての学校で授業料を払うことが必要になりますが、公立は私立よりずっと安いです。一人の子供が幼稚園[7]から高校まで全て公立の学校に進学[8]した場合、一人当たり[9]の経費[10]（教育費、給食費、学校外活動費）は平均で約1,033万、全て私立の場合は、約3,533万円だそうです。多くの親は、高いお金を払っても、子供の将来のために大学まで進ませたいと考えています。

〔データ[11]〕
日本文部科学省『平成30年度子供の学習費調査について』
（「学資保険の基礎」2021年の調査によると、幼稚園から大学まですべて国公立だった場合は約800万円であるのに対して、すべて私立だった場合は約2,300万円、その差は約2.8倍に上るという。）

① 日本は中国と同じように9年制の義務教育を実施しています。授業料が必要になるのはいつからですか。

② 「公立は私立よりずっと安いです」の「ずっと」は次のどの意味に近いですか。

　A. すこし　　　　B. かなり　　　　C. たくさん　　　　D. あまり

③ 「教育費、給食費、学校外活動費」はそれぞれ何の費用ですか。中国語でも日本語でもいいから、話してみてください。

（单词）

1 公立⓪【名】公立	7 幼稚園③【名】幼儿园
2 私立①【名】"私立学校"的简称	8 進学⓪【名・自サ】升学
3 無料⓪【名】不要钱，免费	9 〜当たり【名】每……，平均……
4 入学金⓪【名】入学费	10 経費①【名】经费，开销
5 授業料②【名】学费，课时费	11 データ①【名】数据；资料
6 払う②【他五】支付，付费	

六　　听力练习　◀ッ

❶ 次の会話を聞いて質問に答えてください。

　質問：母親がイライラしているのはどうしてですか。

　① 子供が宿題をしないから。　　② 子供がテレビを見ているから。

　③ 子供が算数が苦手だから。　　④ 子供が宿題するのに時間が掛かるから。

（单词）

| 1 宿題⓪【名】作业 | 2 苦手だ⓪③【形動】不擅长；难对付（的人） |

❷ 次の文を聞いて質問に答えてください。

　質問：母親はいつもどうして子供を叱っているのですか。

　① イライラしているから。　　② 何でも早くして欲しいから。

　③ うれしい気持ちだから。　　④ 心配しているから。

（单词）

| 1 嬉しい③【形】高兴的，开心的，喜悦的 |

日本的节假日

日本以法律形式规定了一年中的各个纪念日，同时这些纪念日也是国民的节假日。

1月1日，日本称为「元日」，这一天的意义是庆祝新的一年的到来。

1月的第二个星期一，是「成人の日」，这一天的意义是庆祝年满20岁的人成为成年人，激发他们"我已经成年了"的自我意识。

2月11日，是「建国記念日」，其意义是培养国民的爱国之心。

2月23日，是德仁天皇的诞辰，为天皇庆生，放假一天。

「春分の日」，这一天的意义是颂扬自然和生命，通常是在3月21日前后。

5月4日，是「みどりの日」，这一天的意义是与自然亲近，感谢自然带来的恩惠，以此来丰富人们的内心。

5月5日，是「こどもの日」，这一天是儿童的节日（以男孩为主，女孩节则是3月3日），其意义是为儿童谋划幸福未来，同时也鼓励人们感谢母亲的付出。家里如果有3岁、5岁的男孩子，都会高高悬挂"鲤鱼旗"，寓意望子成龙。由于5月初的法定假日较多，所以这一阶段会形成一个小长假，被称为「ゴールデンウイーク」，也就是黄金周。

7月份的第三个星期一，是「海の日」，这一纪念日用来感谢大海对人类的馈赠，同时祈愿日本这个岛国的繁荣。

8月11日，被命名为「山の日」，这一天的意义是让人们有更多时间去亲近高山，感谢山的恩惠。

9月的第三个星期一，是「敬老の日」。日本社会老龄化严重，这一天的意义是祝愿老年人长寿，并感谢他们为社会所作的贡献。

「秋分の日」，这一天用来追思那些逝去的亲人，也有敬拜祖先的意义，通常是在9月23日前后。

　　10月的第二个星期一，原本是「体育の日」，用来纪念1964年的东京奥运会，后来这一纪念日改为「スポーツの日」，鼓励人们享受运动带来的快乐，鼓励尊重对手、尊重他人的精神，希望借此塑造一个健康和富于活力的社会。

　　11月3日，是「文化の日」，这一纪念日的设立是鼓励人们热爱自由与和平，推进文化事业。

　　11月23日，是「勤労感謝の日」，这一天的意义是表达对辛勤工作之人的尊重，同时也鼓励国民之间互相表达谢意。

　　除了上述提到的这些法定纪念日，日本还有一些传统的纪念活动。例如，8月虽然没有国家规定的假期，但是到了中旬，会举办日本传统的「お盆」，即盂兰盆会。按照佛教的传统，在8月中旬（农历七月十五前后）要举行仪式超度祖先亡灵。因此，日本很多公司和机构会按照惯例放一个星期左右的假，而在城市工作的人们也往往利用这个假期回乡探亲。受此影响，每年这一时期会形成较大规模的人口流动，与中国的"春运"颇有几分相似。

课文会话译文

第10课 母亲节

课文

　　对于孩子来说，母亲为自己做饭，照料日常生活，是很特别的存在。孩子上了小学，母亲会经常叮嘱，"孩子就应该像个孩子样，要认真听爸爸妈妈的话"，母亲也会经常让孩子写作文、解数学难题。虽然母亲也有对孩子严厉的时候，不过心里总是在惦记着孩子的事。

　　为了回应父母的期待，很多孩子都在认真地学习。但是，努力学习固然很好，却不能过度辛劳搞坏身体而让父母担心。另外，孩子有时也会有不听父母的话、惹父母生气的情况。亲子关系很复杂，因家庭而异。

　　五月的第二个周日是母亲节。孩子们在这一天给母亲赠送礼物。对于母亲来说，孩子为了使自己高兴而准备的礼物就是宝贝。长大离开家之后，在母亲节这一天，让我们对母亲表达一下感谢之情吧。

会话

登场人物：

山本玲奈（女），22岁，公司职员

中村早苗（女），23岁，公司职员

◆两人在公司的食堂里谈话

山本：父亲节，是哪一天？你记得吗？

中村：是六月份吧，我用手机查一下。六月的第三个周日，快要到了。

山本：这样啊，今年怎么办好呢？

中村：你真了不起。每年都给父亲送礼物啊。

山本：因为和母亲节相比，父亲节的印象比较淡薄，父亲很可怜啊。

中村：你父亲很高兴吧？去年送了什么啊？

山本：去年送了衬衫。选择父亲能穿的衬衫可是不容易。

中村：这样啊，今年我是不是也要给父亲送点儿什么礼物呢。

山本：送点礼物吧。你父亲一定会高兴的。

中村：嗯，我会的。谢谢。

第11課 日本の食文化

だいじゅういっか　にほん　しょくぶんか

能力目標
① 能用日语通过类比、举例等方式说明事物的特点。
② 能用日语表达建议。
③ 了解日本饮食，理解中日饮食文化的差异。

语法项目
❶ ～に対する
❷ ～と言えば・～と言ったら・と言うと
❸ ～も～ば、～も～
❹ ～べき
❺ ～方がいい
❻ ～て済む・～で済む

课文

　皆さんは日本料理を食べたことがありますか。西洋の料理、洋食に対して、日本料理のことを和食と呼びます。日本料理と言えば、寿司が特に有名です。寿司は今、世界中の殆どの国で食べることができます。

　日本の食文化は地域によって違います。味付けが濃い地域もあれば、薄い地域もあります。また海と山では食べる物が異なり、四季によって美味しい物が違ってきます。地域の人々は、それぞれの食文化を大事にしています。

　日本人の主食と言えば米です。また日本人は海外から伝わった料理を、時間を掛けて日本独特のものに変化させてきました。美味しい日本の料理を食べるため、世界中から多くの人が日本を訪れています。皆さんは日本各地を旅行したら、どんな料理が食べたいですか。

 课文单词 🔊

❶	食 ⓪	【名】	meal; food	饮食；食品，食物
❷	西洋 ①	【名】	the West	西洋，西方
❸	洋食 ⓪	【名】	Western food	西餐
❹	和食 ⓪	【名】	Japanese food	日餐，日式饭菜
❺	呼ぶ ⓪	【他五】	call	叫，称为；呼唤
❻	寿司 ②	【名】	sushi	寿司
❼	地域 ①	【名】	area	地域，地区
❽	味付け ⓪	【名·他サ】	seasoning	调味，加佐料
❾	濃い ①	【形】	strong; dark	（味道）浓的；（颜色）深的
❿	海 ①	【名】	ocean, sea	海，海洋
⓫	山 ②	【名】	mountain	山
⓬	四季 ②	【名】	four seasons	四季
⓭	其々 ②	【副】	individually	各，各自，分别
⓮	主食 ⓪	【名】	staple food	主食
⓯	米 ②	【名】	rice	米，大米
⓰	海外 ①	【名】	overseas, abroad	海外，国外
⓱	伝わる ⓪	【自五】	be brought to	传，传来，传入
⓲	掛ける ②	【他一】	spend; hang	花费；挂，悬挂
⓳	独特 ⓪	【名·形动】	unique	独特
⓴	変化 ①	【名·自サ】	change	变化，变更
㉑	訪れる ④	【自一】	come; visit	到来，来临；访问
㉒	各地 ①	【名】	various places	各地，到处

会话

登場人物 とうじょうじんぶつ

小林 龍一：２４歳、男性、日本人大学院生

何勇：２３歳、男性、中国人留学生

◆ラーメン屋で

小林：何さん、この店のラーメンはとても美味しいですよ。そして お腹いっぱい食べさせてくれます。

何：楽しみですね。何ラーメンがお薦めですか？

小林：やっぱりここでは、一番人気の味噌ラーメンを選ぶべきですね。私は今日も味噌ラーメンにしよう。

何：味噌ラーメン、美味しそうですね。私も同じものにします。

小林：餃子はどうしますか。この店は餃子も美味しいので、ぜひ食べたほうがいいですよ。

何：いいですね。おかずはどうしましょうか。

小林：私はラーメンと餃子だけでいいです。このお得な「ラーメン餃子セット」にします。

何：ラーメンと餃子、二つとも主食ですよね。すごいなあ。

小林：私はたくさん食べたい時、これで済ませることにしています。日本ではよくこう食べるんですが、変ですか？

何：いえいえ、そんなことありません。食文化が違うというのは面白いですね。

会话单词 🔊

❶ ラーメン ①	【名】	ramen	拉面，汤面	
❷ お腹 ⓪	【名】	stomach	肚子，肠胃	
❸ 一杯 ①⓪	【名・副】	fully; a cup of	满，充满；一碗，一杯	
❹ 薦める（勧める）⓪	【他一】	recommend; advise	推荐；劝，劝告	
❺ 味噌 ①	【名】	miso	酱，豆酱，味噌	
❻ 餃子 ⓪	【名】	dumpling	饺子	
❼ おかず ⓪	【名】	dish	菜，菜肴	
❽ 得 ⓪	【名・形動】	profit; benefit	利益，有利；合算，好处	
❾ セット ①	【名・他サ】	set	套，组；安排，调整	
❿ ～とも ①	【名】	all	一起；全部	

记一记 🔊

❶ 林檎 ⓪ 苹果
❷ 蜜柑 ① 柑橘，橘子
❸ 桃 ⓪ 桃
❹ 梨 ② 梨
❺ 柿 ⓪ 柿子

❻ 葡萄 ⓪ 葡萄
❼ 苺 ⓪ 草莓
❽ 西瓜 ⓪ 西瓜
❾ メロン ① 甜瓜，香瓜
❿ バナナ ① 香蕉

语法解说

1 **～に対する／对……; 相对于……**

接续: 体言、用言连体形の+に対する

解说: 「対する」是サ变自动词, 「に」是助词, 在此表示"对象"。

① 表示前后两个事物处于相互比较或者对立关系中。可译为"相对于……""与……相比较"。

◆ 西洋の料理、洋食に対して、日本料理のことを和食と呼びます。／相对于西洋菜肴, 即西餐, 日本料理被称为"和食"。

◆ 敵は1000人いるのに対して、味方はたった300人しかいない。／敌方有1 000人, 与此相对, 我方只有300人。

② 表示动作、行为的对象。

◆ この問題に対して意見を述べてください。／请对这个问题提出意见。

◆ お客様に対しては、常に神様と思って接しなさい。／面对顾客时, 必须始终秉持顾客至上的心态。

◆ 母は妹に対しても弟に対しても、とても優しい。／母亲无论对妹妹还是对弟弟都非常温和。

2 **～と言えば (～と言ったら・～と言うと)／说到……, 提起……, 谈到……**

接续: 体言+と言えば (と言ったら・と言うと)

解说: 本句型由「と」(助词)和「言う」(动词)的假定形构成。类似的表达还有「～と言うと」「～と言ったら」。

① 用于承接某个话题, 对其展开叙述。

◆ 流行語のベストテンと言えば今年はどんな言葉が選ばれるんだろうね。／说起十大流行语，今年会有哪些词语当选呢？

◆ A：もうすぐゴールデンウイークだね。／A：马上就到黄金周啦。
　　B：ゴールデンウイークと言えば、去年の旅行は楽しかったね。／B：说到黄金周，去年的旅行真是非常愉快呀！

② 表示提起前项，就立即联想或回忆起与其关系密切的后项。

◆ 日本人の主食と言えば米です。／说起日本人的主食，那就是大米。

◆ 京都の名所と言ったら、まず金閣寺と銀閣寺でしょう。／提到京都的名胜，首先就是金阁寺和银阁寺了。

❸ ～も～ば、～も～／既……又……

接续：体言も＋用言假定形＋ば＋体言も＋用言终止形

解说：本句型表示两种事物并列存在。

◆ 味付けが濃い地域もあれば、薄い地域もあります。／有口味偏重的地方，也有口味清淡的地方。

◆ 大人には権利もあれば義務もある。／成年人享有权利，也需要尽义务。

◆ 楽しい日もあれば、悲しい日もある。／有愉快的日子，也有悲伤的日子。

◆ 図書館の中には先生もいれば学生もいる。／图书馆里既有老师，也有学生。

◆ 昨日の試験は問題も難しければ、量も多かった。／昨天的考试题又难，量又多。

❹ ～べき／应该……，必须……

接续：动词终止形＋べき

解说：本句型表示应该、必须做某事。「べき」是文语助动词「べし」的连体形。否定形式为「～べきではない」。

◆ やっぱりここでは、一番人気の味噌ラーメンを選ぶべきですね。／在这里，当然还是应该选择最受欢迎的味噌拉面啦。

◆ 学生は、学校でいろいろなことを勉強すべきだ。／学生在学校应该学习各种知识。

◆ 君は自分の意見をはっきり言うべきだ。／你应该清楚地表明自己的意见。

◆ 持つべき知識も持っていない。／没有掌握应该掌握的知识。

◆ 会社の電話で、私用の電話をするべきではない。／不应该用公司的电话打私人电话。

※ 「する」后接「べき」有两种形式：「するべき」或「すべき」。

5 ～方がいい／还是……为好，最好是……

接续：体言の、用言连体形＋方がいい

解说：本句型表示主张某一动作、行为或方式更好，多用于建议对方做某事，前多接动词过去式，否定形式则为「～ないほうがいい」。「方」是表示"方向""方面"的名词。

◆ この店は餃子も美味しいので、ぜひ食べたほうがいいですよ。／这个店的饺子也很不错啊，一定要尝一尝啊。

◆ 明日は早く出発するから、早く寝たほうがいいです。／明天出发的时间比较早，还是早睡为好。

◆ タバコを止めたほうがいいです。／还是戒烟吧。

◆ 強いお酒を飲まないほうがいい。／还是不要喝烈性酒为好。

6 ～て済む（～で済む）／……就可以了，……就解决了

接续：用言连用形（动词第二连用形）＋て済む（体言＋で済む）

解说：接续助词「て」或格助词「で」后面接动词「済む」，表示以某种方式或到某种程度就可以解决问题。本课出现的「済ませる」是「済む」的使役态，表示将就、凑合完成的意思。

◆ 私はたくさん食べたい時、これで済ませることにしています。／我想多吃点儿东西的时候，点这个就可以了。

◆ 用事は、電話一本で済んだ。／要办的事，打一个电话就解决了。

◆ タクシーだと千円くらいかかるが、バスだと250円で済む。／如果是坐出租车，需要1000日元，不过若是坐公共汽车，250日元就可以。

◆ 謝って済むことじゃない。／不是道了歉就能解决的事。

◆ 風邪をひいたが、軽くて済んだ。／得了感冒，但很快就好了。

※ 前面接否定时，以「～ないで済む」「～ずに済む」的形式，表示"不用……了""用不着……了""不必……"。

◆ バスがすぐに来たので、待たずに済んだ。／公共汽车很快就来了，所以没怎么等。

◆ 「すみません」とお詫びをしたら、怒られずに済んだ。／道歉说了句"对不起"，结果对方也没发火事情就过去了。

◆ この薬のおかげで、入院しないで済んだ。／多亏了这个药，不用住院(就好了)。

相关词语

地域①	➡	各地①、	地名⓪、	地位①、	地理①、	植民地③
主食⓪	➡	民主①、	主義①、	主流⓪、	主張⓪、	主人①
変化①	➡	変更⓪、	変動⓪、	変形⓪、	変質⓪、	変色⓪

练习

一 词汇练习

1 本课中出现了几组对义词，请参照示例，写出下列词语的日语汉字形式，并写出其对义词。

例 だんせい→男性⇔女性　　　　　ふくざつだ→複雑だ⇔簡単だ

① ようしょく→　　　⇔

② こい→　　　⇔

③ うみ→　　　⇔

④ うまれる→　　　⇔

⑤ しゅしょく→　　　⇔

⑥ しずかだ→　　　⇔

⑦ はじまる→　　　⇔

⑧ おとな→　　　⇔

2 请将下列每题所给假名组成一个日语词，并选出正确的中文释义，把选项序号填入括号中。

① （　）＿ と ＿ ＿ ＿　　お れ る ず

② （　）す ＿ ＿ ＿　　め す る

③ （　）＿ く ＿ ＿　　く ど と

④ （　）＿ れ ＿ ＿　　れ ぞ そ

⑤ （　）＿ が ＿ ＿　　だ て に

A.各自　　B.推荐　　C.独特　　D.访问　　E.不擅长

二 语法练习

1 请在「にとって」「に対して」中选出适当的一项填在下划线上。

① 十分¹な睡眠²は、子供＿＿＿＿必要だ。

② 先生の質問＿＿＿＿、学生は誰も答えられなかった。

③ 中国語の発音は私＿＿＿＿難しいです。

④ 兄はスポーツが得意³なの＿＿＿＿、私はスポーツが苦手⁴だ。

⑤ 母は妹⁵＿＿＿＿は優しく、私＿＿＿＿は厳しかった。

❷ 请参照课文在下划线上填入适当的助词。

　　皆さんは日本料理を食べたことがありますか。西洋の料理、洋食①＿＿＿対して、日本料理のことを和食②＿＿＿呼びます。日本料理③＿＿＿言えば、寿司が特に有名です。寿司は今、世界中の殆どの国④＿＿＿食べることができます。

　　日本の食文化は地域によって違います。味付けが濃い地域⑤＿＿＿あれば、薄い地域⑥＿＿＿あります。また海と山では食べる物が異なり、四季⑦＿＿＿よって美味しい物が違ってきます。地域の人々は、それぞれの食文化を大事⑧＿＿＿しています。

┌─（单词）───┐
│ **1** 十分（充分）③【副・形动】充分，足够　　**4** 苦手だ⓪③【形动】不擅长；难对付（的人）
│ **2** 睡眠⓪【名・自サ】睡眠，睡觉　　　　　　　**5** 妹　④【名】妹妹
│ **3** 得意②【名・形动】拿手，擅长
└───┘

三　句型练习

❶ ＿＿＿＿＿＿＿＿＿＿に対して、＿＿＿＿＿＿＿＿＿＿です。

> a. 姉は音楽が好き　　妹は撮影[1]が好き

> b. 兄は明るい　　　　弟はおとなしい

> c. 8月の日本は夏　　オーストラリア[2]は冬

❷ ＿＿＿＿＿＿＿＿といえば、＿＿＿＿です。

> a. 好きな食べ物　　餃子

> b. 日本の春　　　　桜

> c. 洋食　　　　　　ステーキ[3]

❸ _____ば_____も_____。

a. ガスがある　　　　　　電気（てんき）　　　　ある

b. 価格（かかく）⁴が安（やす）い　　　機能（きのう）⁵　　　いい

c. 中華料理（ちゅうかりょうり）が作（つく）れる　　日本料理（にほんりょうり）　　作（つく）れる

❹ _____べきです。

a. 学生（がくせい）は勉強（べんきょう）する

b. 子供（こども）はたくさん遊（あそ）ぶ

c. 両親（りょうしん）に感謝（かんしゃ）する

❺ _____ので_____ほうがいいですよ。

a. 間（ま）に合（あ）わない　　　　　急（いそ）ぐ

b. うるさい　　　　　　　　ここでは話（はな）さない

c. このソフトフェアは古（ふる）い　　新（あたら）しいのをインストールする

（单词）

1 撮影（さつえい）⓪【名】摄影，照相；拍电影
2 オーストラリア⑤【名】澳大利亚
3 ステーキ②【名】烤肉
4 価格（かかく）⓪【名】价格，价钱
5 機能（きのう）①【名・自サ】功能，机能

四　场景练习

❶ 下图a—f是老师发出的课堂指令，请参照示例，用使役态描述老师的要求。

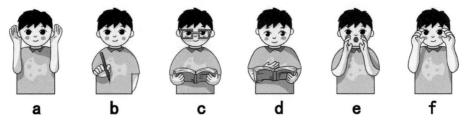

a	b	c	d	e	f

例　a. 日本語のニュースを聞いてください。
　　　先生は学生に日本語のニュースを聞かせた。

　　b. 答えを書いてください。
　　c. 本を読んでください。
　　d. 5ページ[1]を開いてください。
　　e. 答えを言ってください。
　　f. 黒板を見てください。

❷ 下图是某家汉堡店的菜单，请先确认菜单的内容，再参照示例和同学完成在汉堡店点餐的会话。

MENU		
クラシック[2]ハンバーガー	単品[3]	390円
	セット	640円
チキン[4]バーガー	単品	320円
	セット	570円
チーズ[5]バーガー	単品	480円
	セット	760円
ダブル[6]チーズバーガー	単品	720円
	セット	970円
セット		
ドリンク[7]　コーヒーまたは紅茶	単品	150円
ポテト[8]	単品	150円

例　Ａ　Bさん、この店では何がお薦め⁹ですか？

Ｂ　この店のチーズバーガーはとても人気があるそうですよ。

Ａ　そうですか。じゃ、私はそれにします。チーズバーガーセットで、ドリンクはコーヒーにします。

Ｂ　それなら、私はちょっと違うものにしますね。チキンバーガーセットで、ドリンクは紅茶にします。

（単词）

1 ページ⓪【名】頁

2 クラシック③【名・形动】经典

3 単品⓪【名】单品，单一商品

4 チキン①【名】鸡肉，小鸡

5 チーズ①【名】乳酪

6 ダブル①【名】双，双重

7 ドリンク②【名】饮料；酒，酒类

8 ポテト①【名】土豆

9 お薦め⓪【名】推荐品

五　阅读练习

请分别阅读下面三段短文，并在A、B、C中选择最适合位置将下划线句子嵌入。

① 今までは子育て¹が忙しくて、おば²には自分のための時間がなかった。

　　私のおばが、最近、カルチャーセンターに通い³はじめた。　Ａ　昔から習い⁴たがっていた編み物⁵の講座⁶に行っているそうだ。　Ｂ　けれども子供が大きくなって、おばもやっと⁷自分の時間を持つことができるようになった。新しい友人⁸もできて、とても楽しいらしい。　Ｃ　これからはこういう時間を大切にすべきだ。

② 良いことだけを覚えておく。

　　若い人の読む雑誌⁹には、たいてい¹⁰、占い¹¹のページがある。　Ａ　そこには星占いや、今週の運勢¹²が書かれている。　Ｂ　私もそれを読むことがあるが、全部¹³は信じ¹⁴ないことにしている。　Ｃ　毎日の生活を楽しむためには、希望があるほうがいいからだ。

③ このような作品¹⁵の方が、日本の今の社会を具体的¹⁶に表し¹⁷ていると言われている。

海外で翻訳[18]された日本の文学[19]といえば、川端康成など純文学が多かった。＿＿A＿＿だが、最近は、ミステリー[20]や、経済小説などが読まれているそうだ。＿＿B＿＿若者の感覚[21]は世界共通で、わかりやすいからだとも言われている。＿＿C＿＿同じような理由で、日本の漫画を読む人、アニメを見る人も世界中でますます増えているそうだ。

> **単词**
>
> | | |
> |---|---|
> | **1** 子育て②【名】育儿，抚育，抚养孩子 | **12** 運勢①【名】运数，命运 |
> | **2** おば⓪【名】姑母，舅母，姨母 | **13** 全部①【名・副】全部，都 |
> | **3** 通う⓪【自五】上学，走读 | **14** 信じる③【他一】信，相信 |
> | **4** 習う②【他五】学习，练习 | **15** 作品⓪【名】作品，著作 |
> | **5** 編み物②【名】编织物品 | **16** 具体的⓪【形动】具体，实际，具体的 |
> | **6** 講座⓪【名】讲座 | **17** 表す③【他五】表现，表示，表达 |
> | **7** やっと⓪【副】好不容易，终于 | **18** 翻訳⓪【名・他サ】翻译 |
> | **8** 友人⓪【名】友人，朋友 | **19** 文学①【名】文学 |
> | **9** 雑誌⓪【名】杂志 | **20** ミステリー①【名】推理小说，侦探小说 |
> | **10** たいてい⓪【副】大抵，大都 | **21** 感覚⓪【名】感觉 |
> | **11** 占い⓪【名】占卜，算命 | |

六　听力练习 🔊

❶ **次の会話を聞いて質問に答えてください。**

質問：日本人は普段どんな物を食べていますか。

① 寿司や天ぷらなどの和食だけ　　②中華料理

③ 洋食などの外国料理　　④和食は食べない

> **単词**
>
> | | |
> |---|---|
> | **1** インド①【名】印度 | **3** 普段①【副】平时，平常 |
> | **2** パスタ①【名】意大利面 | **4** 定番⓪【名】常规，固定 |

❷ **次の文を聞いて質問に答えてください。**

質問：日本に行ったら何を食べるべきだと言っていますか。次の中から正しくない答えを一つ選んでください。

① 和食　　　　② 新鮮な魚　　　③ なまもの　　　④ スイーツ

单词

1 刺身③【名】生鱼片
2 新鮮だ⓪【形动】新鲜，生鲜
3 生物②【名】生的食物，生鲜食品

4 魚⓪【名】鱼
5 スイーツ②【名】甜品

回转寿司

　　寿司是日本具有代表性的传统美食，因健康美味而食者甚众，而遍布日本的"回转寿司"店，更让寿司成为食客们的日常选择。

　　1958年，第一家回转寿司店在大阪开始营业。创始人白石义明原本经营着一家站立用餐的寿司店，他受到啤酒生产线的启发，开创了第一家回转寿司店，并申请了专利。回转寿司采用传送设备，循环传送装有寿司的餐盘，顾客则可以随意取用，是一种"半自助"的餐饮形式。顾客也可以通过触摸屏自助点餐，坐等食物传送到手边。由于服务人员的减少和用餐座位的增多，寿司店的成本控制和品质管理都得到了保证。回转寿司店以不同颜色的餐盘区分寿司的价格，每盘寿司大多为两个，其中便宜的售价在100日元左右。点餐方便、价格便宜、结账也很清楚，1970年在日本举办的世界博览会上，这些特点也让回转寿司大获好评。

　　在2013年的一项调查中，对于"购买和吃寿司的场所"的多选题，有85.6%的受访者选择了回转寿司，由此可以看出在寿司的消费群体中回转寿司所受到的追捧。在2021年3月，有3 000名消费者参加的另一次调查显示，对于消费者选择回转寿司的理由这一题，有40.2%的受访者选择了"价格便宜"，这在所有回答中位列第一名；紧随其后的是"食材新鲜"，占31.6%；而"距离近""食材种类丰富"和"可以用触摸屏点餐"也都是消费者选择回转寿司的重要理由。

　　有的回转寿司店会让顾客把吃过的盘子作为扭蛋机的投币，随机抽取小玩具，这样的设置成为"带孩子去回转寿司店"的理由之一。也许正是因为考虑到孩子们的感受并迎合了时尚的流行文化，很多学龄前儿童是在回转寿司店第一次吃到了寿司。

　　如此看来，日本回转寿司店的消费宣传，已经做到了"从娃娃抓起"，这可能也是回转寿司长盛不衰的法宝吧。

课文会话译文

第11课 日本的饮食文化

课文

　　大家吃过日本料理吗？相对于西洋菜肴，即西餐，日本料理被称为"和食"。说到日本料理，寿司尤为有名。寿司在当今世界上的大部分地方都可以吃到。

　　日本的饮食文化因地域的不同而有所差异。有口味偏重的地方，也有口味清淡的地方。另外，海边和山区食材各异，四季变化，美味的食物也各不相同。当地的人们非常珍视自己的饮食文化。

　　谈到日本人的主食，那就是大米。此外，日本人把从国外引进的菜肴加以改变，假以时日使其成为日本特有的东西。为了品尝美味的日本料理，许多人从世界各地到访日本。大家如果到日本各地旅行，想品尝哪些日本料理呢？

会话

登场人物：

小林龙一（男），24岁，日本研究生

何勇（男），23岁，中国留学生

◆在拉面馆

小林：小何，这个店的拉面特别好吃啊。而且能让你吃得很饱。

　何：好期待啊。你推荐哪种拉面？

小林：在这里，当然还是应该选择最受欢迎的味噌拉面啦。我今天也点味噌拉面吧。

　何：味噌拉面，好像味道不错啊。我也要点同样的东西。

小林：要点饺子吗？这个店饺子也很不错啊，一定要尝一尝啊！

　何：好啊。要点些什么菜呢？

小林：我只要拉面和饺子就够了。我要这个很合算的拉面、饺子套餐。

　何：拉面和饺子，两种都是主食啊。你真厉害。

小林：我想多吃点儿东西的时候，点这个就可以了。在日本经常这么吃的，奇怪吗？

　何：不是不是，没有啦。饮食文化的不同，还蛮有意思的。

そうべつかい　あいさつ
送別会での挨拶

能力目標

① 能用日语表述一段生活经历和相关感受。
② 能用日语表达希望他人做某事。
③ 了解"送别会"等日本常见的社会活动，理解其承载的人文内涵。

语法项目

❶ ～てから
❷ ～を始め (とする)
❸ ～まで
❹ ～代わりに
❺ ～ことになる
❻ ～には
❼ ～はず
❽ ～てほしい

课文

　私が半田町に来て、ホームステイを始めてから一年が過ぎました。有意義な毎日を送ったと思っています。

　私は決して上手に人と付き合える人間ではありませんでした。初めて佐々木家の皆さんに挨拶した時、緊張して日本語がうまく話せませんでした。でもお父さん、お母さん、真由美さんを始め、犬のモモちゃんまで、私を温かく迎えてくれたのです。お母さんの手作り料理の味は忘れられません。また花見や温泉旅行など、とても楽しく過ごせました。

　大学での思い出もいっぱいあります。演劇部で「桃太郎」の稽古をした時、うまく演じられなくてみんなには迷惑をかけました。しかし、みんなは怒らず、私に優しくしてくれました。お陰さまで、私もなんとか舞台に立つことができました。

　私は、この半田町の人々の笑顔が本当に素敵だと思っています。朝、お父さんの代わりにモモちゃんを散歩させていると、多くの人が笑顔で気持ちよく「おはよう」と挨拶してくれました。

　いよいよ明日、帰国することになりました。国に帰った後、周りの友達に「半田町はいいところです。ぜひ行ってみてください」と言いたいです。半田町の桜ほど美しい桜はありません。私にとって、半田町での生活は人生の宝物です。

　お父さん、お母さん、真由美さん、半田町の皆さん、本当にありがとうございました。

课文单词 🔊

❶	送別 ⓪	【名・他サ】	farewell	送别
❷	半田町 ⓪	【名】	Handa Town	（地名）半田镇，半田町
❸	ホームステイ ⑤	【名】	homestay	（留学生等）寄宿民居，体验民居
❹	有意義だ ③	【名・形動】	meaningful, beneficial	有意义，有价值
❺	決して ⓪	【副】	by no means	绝对（不），断然（不）
❻	付き合う ③	【自五】	associate	交际，来往
❼	初めて ②	【副】	for the first time	最初，初次
❽	〜家 ①	【接尾】	the... Family	……家，……家族
❾	緊張 ⓪	【名・自サ】	strain, tension	紧张
❿	〜ちゃん	【接尾】		（「さん」的转音）接在名字后带有亲昵语感
⓫	味 ⓪	【名】	flavor, taste	味，味道
⓬	忘れる ⓪	【他一】	forget	忘，忘掉，忘却

⑬ 温泉 ⓪	【名】	hot spring	温泉
⑭ 過ごす ②	【他五】	pass, spend	过，度过
⑮ 思い出 ⓪	【名】	memory	回忆，回想，追怀
⑯ 稽古 ①	【名・他サ】	practice, exercise; study	（技能）练习，练功；学习
⑰ 演じる ⓪	【他一】	act, play	表演，扮演
⑱ 皆 ③⓪	【代・副】	everyone; all	全体，大家；都，全
⑲ 迷惑 ①	【名・形动・自サ】	trouble	麻烦，烦扰，妨碍
⑳ 優しい（易しい）⓪	【形】	kind, gentle; easy	温和的，温柔的；容易的
㉑ 何とか ①	【副】	somehow	想办法，设法
㉒ 舞台 ①	【名】	stage	舞台
㉓ 立つ ①	【自五】	stand; depart	立，站；出发
㉔ 笑顔 ①	【名】	smiling face	笑颜，笑脸
㉕ 素敵だ ⓪	【形动】	splendid, glorious	极好，绝妙，非常好的
㉖ 多く ①	【名・副】	largely, mostly	多，许多
㉗ いよいよ ②	【副】	finally; more and more	终于，最终；愈加
㉘ 明日 ③	【名】	tomorrow	明天
㉙ 帰国 ⓪	【名・自サ】	return to one's country; go back to one's homeland	回国，归国；回家乡

会话

> とうじょうじんぶつ
> 登場人物
>
> いのうえしょうた　　にじゅういっさい　だんせい　にほんじんだいがくせい
> 井上翔太：２１歳、男性、日本人大学生
> はやしひろし　　にじゅうにさい　だんせい　にほんじんだいがくせい
> 林洋：２２歳、男性、日本人大学生
> しゅかれい　　はたち　じょせい　ちゅうごくじんりゅうがくせい
> 朱佳玲：20歳、女性、中国人留学生

◆ 送別会の会場で

林：朱さんの挨拶、とてもよかったね。

井上：そうだね。半田町は大きい街ではないけれど、留学生に日
本らしさを体験してもらうにはいいところかもしれない。

林：美味しい日本料理と桜、温泉もあるし、人情味に溢れて
る。いいところだよね。

井上：朱さんはさっき演劇部の友達が優
しかったと言っていたけれど、僕
は稽古の時、ちょっとイライラし
たよ。

林：ところで、木村さんはまだ来てい
ないようだね。

また逢う日まで

井上：木村先輩はいつも忙しそうだから、来られないのかな。

林：朱さんの送別会だから、どんなに忙しくても来るはずだ
よ。

朱：林さん、井上さん！来てくれてありがとう！木村先輩は？

林：まだ来ていないんだよ。でも木村さんはきっと「さようなら」を言いに来るはずだよ。

朱：実は私、「さようなら」はあまり好きじゃないんだ。

林：えっ？じゃあ、何と言ってほしいの？

朱：私、「また会おうよ」のほうが好きなんだ。

井上：そうだね。きっとまたどこかで会えるよ。あ、木村先輩が来た！

会话单词

❶ 体験 ⓪	【名・他サ】	experience	体验，经历
❷ 所 ⓪	【名】	place	地方，地点
❸ 人情味 ⓪	【名】	human warmth	人情味
❹ 溢れる ③	【自一】	be full of; overflow	充满，洋溢；溢出
❺ 忙しい ④	【形】	busy	忙的，忙碌的
❻ さようなら ⑤	【感】	see you, goodbye	再见，再会

记一记

❶ 受験 ⓪ 应试，考试

❷ 入学式 ④ 入学式，开学典礼

❸ 自習 ⓪ 自习

❹ 予習 ⓪ 预习

❺ 復習 ⓪ 复习

❻ 奨学金 ⓪ 奖学金

❼ サークル ① （兴趣）小组，团队

❽ ゼミ①（ゼミナール③）研讨会，讨论会

❾ 卒業式 ③ 毕业式，毕业典礼

❿ 就職活動 ⑤ 求职活动

语法解说

1 ～てから／……之后

接续：动词第二连用形＋てから

解说：本句型由「て」（助词）和「から」（助词）构成，表示动作、行为明确的先后顺序。

◆ 私が半田町に来て、ホームステイを始めてから一年が過ぎました。／我来半田町，开始民居体验生活，迄今已经有一年了。

◆ 新聞を読んでからテレビを見たいです。／我想读报之后看电视。

◆ ご家族の人と相談してから来てください。／请和家人商量之后再来。

◆ 水泳をしてから、学校へ行きます。／游泳之后去学校。

◆ ご飯を全部食べてからでないと、アイスを食べてはいけない。／除非把饭全吃完，否则不可以吃冰激凌。

2 ～を始め（とする）／以……为首，以及……

接续：体言＋を始め（とする）

解说：本句型表示前项列出复数事物中有代表性的一项，后半部分展开叙述或继续列举其他各项。本句型由「～を～に（と）する」（把……作为……）变化而来，「始め」是一段他动词「始める」的连用形，此处作名词用。

◆ お父さん、お母さん、真由美さんを始め、犬のモモちゃんまで、私を温かく迎えてくれたのです。／真由美的父母、真由美，甚至连家里的小狗毛毛都很热情地欢迎了我。

◆ 校長先生を始め、諸先生方にもよろしくお伝えください。／请代问校长和各位老师好！

◆ 富士山を始めとして、日本の山は火山が多い。／以富士山为代表，日本的山多为火山。

◆ 日本人の苗字は、佐藤を始めとして、加藤、伊藤など、「藤」の付くものが多い。／以"佐藤"为首，还有加藤、伊藤等，日本人的姓氏有很多带有"藤"字。

❸ 〜まで／连……，甚至……

接续： 名词（＋助词）＋まで

解说： 表示用事例代表一个极端的程度。多用来表示说话人的吃惊或遗憾。

◆ 一年中国語を勉強して、中国語のニュースまでわかるようになった。／学了一年中文，居然听懂了中文的新闻。

◆ 母は料理が上手だ。フランス料理まで作れます。／妈妈很擅长做饭，甚至可以做法餐。

◆ クラスメートにまで迷惑をかけてしまった。／甚至给班级同学带来了麻烦。

❹ 〜代わりに／替……，代替……，代之……；相反……

接续： 体言の、动词连体形＋代わりに

解说： 本句型是由动词「代わる」的连用形「代わり」和格助词「に」构成的连用修饰语，表示代替、代理，还表示相应的补偿条件。

◆ 朝、お父さんの代わりにモモちゃんを散歩させていると、多くの人が笑顔で気持ちよく「おはよう」と挨拶してくれました。／清晨，我代替（真由美的）父亲牵着小狗毛毛去散步，很多人都会面带微笑很热情地和我打招呼，问候"早上好"。

◆ 大雨だったので、体育館に行く代わりに家でテレビの生中継を見ることにしました。／因为下大雨，所以决定不去体育馆，而是在家看电视中的现场直播。

◆ 彼女はダイエットだと言って、ご飯を食べる代わりに毎日りんごを二つ、バナナを三本食べている。／她说是要减肥，每天吃两个苹果和三根香蕉代替吃饭。

◆ 石井さんは出世しなかった代わりにリストラにも遭わずに定年を迎えたが、鈴木さんは出世して名誉と権力を手に入れた代わりに家庭の幸福を失った。／石井没有出人头地，却也没有遭遇裁员，一直干到退休。而铃木呢，飞黄腾达，获得了名誉和权力，可却失去了家庭的幸福。

❺ 〜ことになる／按规定……，定为……，决定……

接续： 动词连体形＋ことになる

解说： 本句型由「こと」（形式体言）＋「に」（助词）＋「成る」（五段自动词）构成，表示客观的决定、规定或由客观情况自然发展而产生的结果。通常使用过去式「ことになった」，表示已经做出的非主观的决定，而以「〜ことになっている」的形式出现时，则表示"规定着……""按照规定……"之意。

◆ いよいよ明日、帰国することになりました。／终于，明天我就要回国了。

◆ 彼は急に用事ができたので、わたしが一人で行くことになりました。／他有急事，所以我一个人去了。

◆ 冬休みは１２月 ２５日から始まることになったそうだ。／听说寒假从12月25日开始。

◆ 日本語の勉強会は研究室で行うことになりました。／日语学习会在研究室举行了。

◆ 父の会社は週に二日休むことになっている。／爸爸的公司每周都休两天。

6　～には／要……就得……，为了……就要……

接続：动词终止形＋には

解説：格助词「に」表示动作、行为的目的。「は」是副助词，突出提示补语。

◆ 半田町は大きい街ではないけれど、留学生に日本らしさを体験してもらうにはいいところかもしれない。／半田町虽然不是什么大城市，但可能是让留学生体验真正的日本的好地方。

◆ そのホテルに泊まるには予約を取る必要があります。／要在那个饭店入住，就得预约。

◆ あの温泉へ行くには、この険しい山を越えなければなりません。／要去那个温泉，必须越过这座险峻的山。

7　～はず／应该……，理应……

接続：体言の、用言连体形＋はず

解説：本句型表示比较有把握的合乎情理的判断。以经验、习惯、记忆等为依据，推测某一事物必然是这样的。「筈」是名词，表示"应该……""按理说……"之意，通常不使用汉字。

◆ 朱さんの送別会だから、どんなに忙しくても来るはずだよ。／给小朱开的欢送会，无论怎么忙，也应该会来吧。

◆ 電車は5時に来るはずだ。／电车应该五点来。

◆ 会議の司会は王先生のはずだ。／会议主持应该是王老师。

◆ 博物館の休館日は、月曜日のはずだ。／博物馆休息日应该是周一。

「はずがない」表示对可能性的否定，可译为"不可能……""不会……"。

◆ ここから富士山が見えるはずがない。／从这里不可能看得见富士山。

◆ 花子が知らないはずがないだろう。／花子不可能不知道吧。

8 ～てほしい／希望……

接续：动词第二连用形＋てほしい

解说：本句型表示希望或要求别人做某事。「欲しい」是形容词。用「に」提示希望或要求做某事的人。

◆ じゃあ、何と言ってほしいの？／那么，你希望我们说什么呢？

◆ いい大学に入れるように努力してほしいです。／希望你能努力上一个好大学。

◆ どんなに写真が好きでも、こんな時には写真を撮ってほしくないわ。／不管我怎么喜欢照相，也不希望这种时候给我照相啊。

◆ 頑張ってほしい。／希望你（们）努力。

◆ もう少し早く来てほしい。／希望你能再早一点儿来。

◆ これがあなたにやってほしいことです。／这个事儿希望你来做。

◆ 子供に本を読んでほしいなら、親が本を読むべきだ。／希望孩子读书的话，家长应该读书。

相关词语

送別⓪ ➡ 区別①、特別⓪、性別⓪、千差万別①-⓪

温泉⓪ ➡ 温暖⓪、温度①、温和⓪、体温①、温帯⓪

稽古① ➡ 古典⓪、古代①、古人①、古都①、考古①

練習

一　词汇练习

❶ 请在下列各组词语中，找出读音不正确的词语，将其改正后填入括号中。

① 送別（そべつ）　　祖父母（そふぼ）　　特別だ（とくべつ）　　戦争（せんそう）　　（　　　）

② 大丈夫だ（だいじょうぶ）　有意義だ（ゆいぎ）　賑やかだ（にぎ）　大好きだ（だいす）（　　　）

③ 緊張（きんちょう）　　成長（せいちょう）　　調査（ちょうさ）　　情緒（じょうちょう）　　（　　　）

④ 温泉（おうせん）　　発音（はつおん）　　突然（とつぜん）　　専門（せんもん）　　（　　　）

⑤ 関係（かんけい）　　携帯（けいたい）　　稽古（けいこ）　　上下（じょうげ）　　（　　　）

⑥ 舞台（ぶたい）　　身体（しんたい）　　絶対（ぜったい）　　渋滞（じゅうだい）　　（　　　）

❷ 请从下列词语中选取适当的动词，将其变为适当的形式后填在下划线上（每个动词只使用一次）。

> 呼ぶ　　会う　　作る　　壊す　　続ける　　連れる　　溢れる　　伝える

① 会場¹から人が＿＿＿＿＿＿＿＿ています。

② 子供を＿＿＿＿＿＿＿＿て買い物に行きたいと思います。

③ みんなは達也君を「たっちゃん」と＿＿＿＿＿＿＿＿でいるそうです。

④ たくさん食べてお腹を＿＿＿＿＿＿＿＿てしまいました。

⑤ 国に帰った後も、研究を＿＿＿＿＿＿＿＿たいと思います。

⑥ 昨日、先輩に＿＿＿＿＿＿＿＿て話をしましたが、思い出がいっぱいでした。

⑦ その歌を聞いたことがあります。何か人生の独特な生き方²を人々に＿＿＿＿ようとしている感じがします。

⑧ 会社を＿＿＿＿＿＿＿＿ことは決して簡単なことではないと思います。

（单词）
1 会場 ⓪【名】会场　　　　　2 生き方⓪【名】生活方式；处事态度

二　语法练习

① 请参照课文在下划线上填入适当的助词。

　　大学①＿＿＿の思い出もいっぱいあります。演劇部で「桃太郎」の稽古をした時、うまく演じられなくてみんな②＿＿＿は迷惑をかけました。しかし、みんなは怒らず、私③＿＿＿優しくしてくれました。お陰さまで、私もなんとか舞台④＿＿＿立つことができました。

　　私は、この半田町の人々の笑顔が何より⑤＿＿＿素敵だと思っています。朝、お父さん⑥＿＿＿代わり⑦＿＿＿ワンちゃんを散歩させていると、多くの人が笑顔で気持ちよく「おはよう」⑧＿＿＿挨拶してくれました。

三　句型练习

① ＿＿＿＿＿＿＿＿＿＿＿＿てから、＿＿＿＿＿＿＿＿＿＿＿＿。

　　a. 日本語を勉強する　　　一年になる

　　b. 帰国する　　　　　　　ずっと日本での思い出を忘れない

　　c. 温泉に行く　　　　　　半年¹が過ぎる

② ＿＿＿＿＿＿＿＿＿をはじめとして、＿＿＿＿＿＿＿＿＿。

　　a. 彼は英語　　　いろいろな外国語ができる

　　b. 富士山　　　　日本の山をたくさん登った

　　c. 立花先生　　　先生全員が来る

③ ＿＿＿＿＿＿＿＿＿＿＿＿＿＿ことになりました。

　　a. 半田町に引っ越す²

　　b. 来週、結婚する

c. 明日、海に行く

❹ ＿＿＿＿＿＿＿＿＿から、＿＿＿＿＿＿＿＿＿はずです。

a. あんなに勉強する　　　　きっと合格³する

b. 日本に10年住んでいる　　日本語が上手だ

c. 3時に出る　　　　　　　5時に着く⁴

❺ ＿＿＿＿＿＿＿＿＿＿＿＿＿＿てほしいです。

a. いい思い出を作る

b. 美しい景色を体験する

c. 舞台に立つ

> 〔单词〕
>
> 1 半年④【名】半年　　　　　　3 合格⓪【名・自サ】及格，合格
> 2 引っ越す③【自五】搬家，迁居　4 着く①【自五】到，到达，抵达

四　场景练习

❶ 下表是某次志愿者活动的内容，①—⑥分别对应6项志愿者活动。请参照示例分别使用句型「ことにする」「ことになる」完成会话。

①	公園に花を植える¹
②	空き缶²を集めて、リサイクル³に出す
③	お年寄りと話す
④	体の不自由な⁴人を助ける
⑤	公園のごみを拾う⁵
⑥	小さい子供を集めて遊ぶ

例 对自己抽签的选择。（我选几号）

A Bさんはどれにしますか。

B 私は①にします。

例 对抽签结果的转述。（我抽到的内容是……）

A Bさんは何をすることになりましたか。

B 私は公園に花を植えることになりました。

❷ 请参照示例，根据图片所示内容和右侧的提示信息，和同学进行会话，完成对下列场景的推测。

例

出発⁶時間 → １２時

A:「飛行機は何時にここを出発する
　　ことになっていますか。」

B:「ちょうど⁷１２時に出発するはず
　　です。」

①

この道を真っ直ぐ行けば、大通り⁸に出
る。

②

この漢字はもう習いました。

③

井上さんは今年の4月に大学卒業 →
1年延ばす

④

到着時間　→　１２時

霧⁹のため、遅れる

単词

1 植える⓪【他一】栽，植

2 空き缶⓪【名】空罐头盒，空罐子

3 リサイクル②【名】回收，再利用

4 不自由だ①【名・形动・自サ】不方便；不自由，不宽裕

5 拾う⓪【他五】拾，捡

6 出発⓪【名・自サ】出发，动身，启程

7 ちょうど⓪【副】正好，刚好

8 大通り③【名】大道，大路，大街

9 霧⓪【名】雾

五 阅读练习

请阅读短文，回答下列问题。

【ゴミを減らそう】

近年、日本では環境[1]問題をめぐる[2]議論[3]に変化が生まれている。初めは、大気汚染[4]や工場排水[5]などの大きな問題が議論の中心だったが、次第に[6]私たちの日常生活における身近[7]なことに移ってきた。その一つが、ゴミを減らすことである。

ゴミを減らすために、「リデュース（Reduce）、リユース（Reuse）、リサイクル（Recycle）」という三つの言葉を覚えてほしい。どの言葉も英語で書くと最初の文字が「R」なので、３R（スリーアール）と呼ばれている。最初のリデュースとは、できるだけ[8]ゴミの量[9]を少なくすることだ。次のリユースとは一度使ったものを捨てずに何度も使うことだ。リサイクルとは使い終わったものを資源に戻し[10]、製品[11]を作ることである。

① 環境問題の議論の中心はどのように変わりましたか。

② ３Rそれぞれの違いはどこにありますか。具体例を考えながら、中国語でも日本語でもいいから、話してみてください。

（单词）

1 環境 ⓪【名】环境		**7** 身近⓪【名・形动】身边，近旁；切身的	
2 巡る⓪【自五】围绕，有关		**8** できるだけ⓪【副】尽量，尽可能	
3 議論①【名・他サ】议论，争辩		**9** 量①【名】量，数量	
4 大気汚染④【名】空气污染		**10** 戻す②【他五】还，归还；恢复	
5 工場排水⑤【名】工业废水排放		**11** 製品⓪【名】制品，产品	
6 次第に⓪【副】逐渐，渐渐，慢慢			

六 听力练习 🔊

❶ 次の会話を聞いて質問に答えてください。

質問：男の人はどんな挨拶をしますか。

① 日本に来た時の思い出。

② 今日まで覚えている思い出。

③ 留学生たちの忘れられない思い出。

④ 演劇部の思い出。

1 代表 ⓪【名・他サ】代表

2 公演 ⓪【名・自他サ】公演

3 楽しみ③【名】快乐；兴趣

❷ 次の文を聞いて質問に答えてください。

質問：この人は今どんな気持ちですか。

① 日本語が上手になりました。

② 家族の一員のように感じました。

③ 忘れたくない思い出がたくさんできました。

④ またここに帰って来たいです。

1 ホストファミリー④【名】接待（留学生的）家庭

2 一生 ⓪【名】一生，一辈子

「お・も・て・な・し」

在2013年9月8日，「おもてなし」这个词在世界范围内受到了关注。那一天，在阿根廷布宜诺斯艾利斯举办的国际奥委会第125次会议上，日本申奥代表以法语做了申奥发言。在这位代表的发言中，她先是一个音节一个音节地读出了「お・も・て・な・し」，然后双手合十、低头致意重复了这个词。那一刻，这个具有独特含义和日本文化特征的词语，无疑给所有听众留下了深刻的印象。此后东京顺利获得2020年夏季奥运会的主办权，「おもてなし」这个词也获得了当年日本流行语大奖，此后日本的观光宣传片也以「おもてなしニッポン」命名。

在日本代表的演讲中，这个词大意为"大方、友好、不怀私心"。在汉语中通常将「おもてなし」翻译为"招待、款待"，这个词包括「モノを持って成し遂げる」（因"物"成事）和「表裏なし」（表里一致）两方面含义，体现了待客时主人的无微不至、良苦用心和乐在其中。

宣传片「おもてなしニッポン」以比较具体的形式，体现了「おもてなし」的含义。例如在日式旅馆中，整理房间以不与客人碰面为佳；百合花开放的时候，为了不让客人沾上花粉，要剪去多余的花蕊；餐厅设于海上舟中，让客人在品味美食的同时体验移步换景的乐趣；修剪庭院里的松树，要尽量让客人看不到修整的痕迹。其中既有细腻的体贴，也有经过磨炼的极致技巧，而所有这些的核心，就是「おもてなし」。

另外，以「おもてなし」之心，行待客之道的日本人还强调发自内心的喜悦和对于周边事物的关爱。宣传片中修剪松枝的园丁说，庭院中的植物是有生命的，自己在和焕发生机的生物一道工作。可见「おもてなし」并不仅仅是"对外"的款待，也有"对内"的个人体验——这或许就是「おもてなし」的合适注解吧。

第12课　在欢送会上的致辞

课文

我来半田町，开始民居体验生活，迄今已经有一年了。我觉得自己的每一天都过得很有意义。

我以前绝不是一个善于和人交往的人。最初和佐佐木一家人见面的时候，由于紧张，日语都说不好。可是，真由美的父母、真由美，甚至连家里的小狗毛毛都很热情地欢迎了我。她妈妈做的菜，味道让我难以忘怀。另外，还去赏花、温泉旅行，过得非常快乐。

关于大学的记忆也有很多。在戏剧部排练"桃太郎"的时候，我老是演不好，给大家添了很多麻烦。可是，大家都没有怪我，一直对我很友善。多亏了他们，我也总算能够走上了舞台。

我觉得，半田町的人们的笑容无比珍贵。清晨，我代替（真由美的）父亲牵着小狗毛毛去散步，很多人都会面带微笑很热情地和我打招呼，问候"早上好"。

终于，明天我就要回国了。回国后，我要向周围的朋友们说，"半田町是一个好地方，一定要去看看"。半田町的樱花是最美的。对我来说，在半田町的生活是人生的宝贵财富。

叔叔、阿姨、真由美，半田町的各位，真的非常感谢你们。

会话

登场人物：

井上翔太（男），21岁，日本大学生

林洋（男），22岁，日本大学生

朱佳玲（女），20岁，中国留学生

◆欢送会的会场

　林：小朱的致辞，可真棒啊。

井上：是啊，半田町虽然不是什么大城市，但可能是让留学生体验真正的日本的好地方。

林：有美味的日本菜肴、樱花，还有温泉，人情味儿也十足，是个好地方啊。

井上：刚才小朱说到戏剧部的各位都很和善，可是我在排练的时候真的有点儿焦躁了。

林：哎，木村好像还没来啊？

井上：木村师兄好像总是很忙的样子，来不了了吧？

林：给小朱开的欢送会，无论怎么忙，也应该会来吧。

朱：林洋、井上，感谢你们到场啊。木村师兄呢？

林：还没到啊。不过，他一定会来说一声"再见"的。

朱：我其实不太喜欢"再见"这个说法。

林：啊？那么，你希望我们说什么呢？

朱：我比较喜欢说"来日再相逢"。

井上：对。一定还会在某处再相逢的。啊，木村师兄来啦！

附录

一、动词词尾变化表

种类	行	例词	词干	未然形	连用形	终止形	连体形	假定形	命令形	推量形
五段	カ	書く	か	か	①き②い	く	く	け	け	こ
	ガ	泳ぐ	およ	が	①ぎ②い	ぐ	ぐ	げ	げ	ご
	サ	話す	はな	さ	①し②し	す	す	せ	せ	そ
	タ	立つ	た	た	①ち②っ	つ	つ	て	て	と
	ラ	取る	と	ら	①り②っ	る	る	れ	れ	ろ
	ワ	歌う	うた	わ	①い②っ	う	う	え	え	お
	ナ	死ぬ	し	な	①に②ん	ぬ	ぬ	ね	ね	の
	バ	飛ぶ	と	ば	①び②ん	ぶ	ぶ	べ	べ	ぼ
	マ	読む	よ	ま	①み②ん	む	む	め	め	も
一段		起きる	お	き	き	きる	きる	きれ	①きろ②きよ	き
		食べる	た	べ	べ	べる	べる	べれ	①べろ②べよ	べ
サ变		する	○	①し②せ③さ	し	する	する	すれ	①しろ②せよ	し
カ变		来る	○	こ	き	くる	くる	くれ	こい	こ
后续词例				ない ぬ れる られる せる させる	①ます たい ながら そうだ (样态) ②て、た	结句 そうだ (传闻) らしい	こと もの とき 人	ば		う (五段)　よう (五段以外)

※说明：
1. 「れる」「せる」接五段动词和サ变动词未然形。「られる」「させる」接其他动词未然形。
2. サ变动词未然形①接「ない」，②接「ぬ」，③接「れる」「せる」。
3. 五段动词连用形②只接「て」（で）、「た」（だ）和由「て」「た」引出的句型等。
4. 一段动词、サ变动词的命令形①多为口语使用，②多用于文章。
5. 有些语法学家将动词词尾变化分为六种，即把"推量形"纳入"未然形"中。

二、形容词词尾变化表

基本形	词干	词 尾				
		连 用 形	终止形	连体形	假定形	推量形
良い	よ	①く ②かっ	い	い	けれ	かろ
正しい	ただし	①く ②かっ	い	い	けれ	かろ
后续词及功能		①中顿、作状语或接「て、も、ない」等。 ②接「た」。	结句 か が から	体言 のに ので	ば	う

三、形容动词词尾变化表

基本形	词干	词 尾				
		连 用 形	终止形	连体形	假定形	推量形
静かだ	しずか	①に、②で、③だっ	だ	な	なら	だろ
后续词及功能		①修饰用言。 ②接「ある、ない」或表中顿。 ③接「た、たり、て」。	结句 が から	体言 のに ので の	（ば）	う

四、助词用法一览表

助词	意义	接续	用例
かい (6)	疑问、反问	句子	ところで、都市生活で大人が子供に一番よく使う言葉って、知ってるかい。／少し怪我をしたぐらいで泣くのかい。／この入場券を持って行ってもいいかい。
かな (5)	疑问、愿望	句子	何かあったのかな。／部屋の中には誰もいないかな。／田中さんの住所を君は知っているかな。／早く返事が来ないかな。
し (7)	并列、列举	终止形	でも中国は広いですし、方言も多いですよね。／この部屋は日当たりも良いし、風通しも良い。
			給料は少ないし、物価は高いし、生活は本当に苦しい。／子供ではあるまいし、そんなこともわからないのか。／他人ではあるまいし、何か困った時は相談してほしい。
しか (ない) (7)	限定(排他)	体言(助词)	私たちは日常生活の中で、目に見えるもの、手で触ることができるものしか存在しないと思いがちだ。／必要なものしか取らない。／返信は橋本さんからしか来ていない。／パソコンに頼るしかないか。
ぞ (5)	提醒、警告 (男用)	句子	もっと気をつけなければいけないぞ。／僕は絶対行かないぞ。／あれ、なんか変だぞ。
だけ (3)	程度、范围的限定	体言、连体形	日本人の男性は仕事だけでなく、家事もしなければなりません。／友達にだけ相談してみた。／今の携帯電話は、写真が撮れるだけじゃなく、動画だって見られるんだ。／スポーツはただ見るだけでは、つまらない。
			できるだけ頑張ってみる。／働くだけ働くつもりだ。／必要なだけ取りなさい。

助词	意义	接续	用例
って (6)	提示、确认、反问、传闻	体言、用言、句子	都市生活で大人が子供に一番よく使う言葉って、知ってるかい。／「ごめんなさい」って言えばいいんです。／つまらないんじゃないかって思ったんですけど、わりに面白かったです。／兄弟ってものは、もっと仲良くしなくてはダメだよ。／彼が試験に落ちたって、本当かい。／天気予報によると、明日はいい天気になるって。
と (1)	既定、假定、恒定条件	终止形	その道を真っ直ぐ行くと、左側に見えますよ。／お酒を飲むと、いつも頭が痛くなる。／この本を読むと、物の考え方が変わるかも知れない。／トンネルを出ると、真っ白な世界だった。
な(あ) (4)	感叹、愿望、断定	终止形	井上さんは猿の役だけど、木村さんは桃太郎の役だろうな。／彼のような丈夫な体を持っていたらいいな。／100円では、辞書は買えないな。
ながら (1)	①同时、顺接	动词第一连用形	二人はカフェでコーヒーを飲みながら、好きな画家について話しました。／仕事のことを考えながら歩く。
	②逆接	动词第一连用形、体言、副词、形容词终止形、形容动词词干	歳が若いながら中々しっかりしている。／いやいやながら承知した。／素人ながら、プロ以上の実力を持っている。
なら(ば) (4)	假定	体言、动词连体形、形容词连体形、形容动词词干	日本の子供なら、だれでも一度や二度ぐらいは、この話を読んでもらったことがあるだろう。／飲むなら乗るな。／お金のことならば、心配しなくてもいい。／日本に行くなら、日本語を習いなさい。
の (4)	①感叹、断定	名词、形容动词连体形、形容词终止形、动词终止形	とても嫌なの。／私、帰るわ。何も食べたくないの。／いいえ、違うの。／私、それが大好きなのよ。／それは私の生きがいなのよ。
	②疑问		変な格好して、何やってるの？／何が悲しいの？／なんの本を読んでいるの？／本当にそれでいいの？
	③命令		ご飯は黙って食べるの。

续表

助词	意义	接续	用例
ば (1)	①假定顺接	假定形	ここから市民センターまではどう行けばいいでしょうか。／君が勧めれば、花子も賛成するだろう。／急げば間に合うでしょう。
	②既定顺接		ここまで来れば安心だ。／よく聞いてみればわかるよ。
	③特定结果		春になれば、花が咲く。／三十を五で割れば、六となる。／噂をすれば、影がさす。
ばかり (8)	①概数	数量词	一時間ばかり待たされた。／コップの中に水が半分ばかり入っている。
	②限定	体言、形容词连体形、形容动词连体形、动词第二连用形＋て	どこへ行っても山ばかりだ。／座ってばかりいないで、時々運動もしなさい。／あの人は背が高いばかりで、あまり力はない。
	③刚刚	动词过去式	生まれたばかりの人間は、自由に動けない。／買ったばかりの靴を汚しちゃった。／佐藤さんのうちでは、赤ちゃんが生まれたばかりだ。
よ (3)	命令	一段动词命令形、サ变动词命令形	早く自己紹介せよ。／もっと静かにせよ。／楽しい生き方を考えよ。
ろ (3)	命令	一段动词命令形、サ变动词命令形	ご飯を用意しろ。／静かにしろ。／ボタンをかけろ。

※说明：

1. "接续"栏中，"终止形""连用形"等均指用言的词尾变化形式。
2. 左侧第一栏为本教材中出现的助词，括号内以数字注明该助词首次出现在本教材的课次。
3. 助词有多种用法和含义，有些并未出现在本教材中，表格内均一并简要列出，学生可以参考使用。
4. "用例"栏中第一句有些为教材中出现的句子。
5. 例句的日语汉字读音和中文译文请参看本教材配套的"学习辅导用书"。

五、助动词用法一览表

基本形	接续	变化 下接 意义	未然形 ない ぬ	連用形 中頓(ない)	連用形 た	終止形 結句	連体形 体言	假定形 ば	命令形 ○	推量形 う、よう
ぬ(9)	動詞未然形	否定	○	ず		ぬ(ん)	ぬ(ん)	ね	○	○
せる (10)	五段動詞未然形、サ変動詞未然形	使役	せ	せ	せ	せる	せる	せれ	せろ せよ	せ
させる (10)	一段動詞未然形、力変動詞未然形	使役	させ	させ	させ	させる	させる	させれ	させろ させよ	させ
べし (11)	動詞終止形	推測	べから	べく	○	べし	べき	○	○	○
ようだ (2)	用言連体形、体言＋の	比況	○	ようで ように	ようだっ	ようだ	ような	ようなら	○	ようだろ
れる (5／8)	五段動詞未然形、サ変動詞未然形	被動、可能	れ	れ	れ	れる	れる	れれ	れろ れよ	れ
られる (5／8)	一段動詞未然形、力変動詞未然形	被動、可能	られ	られ	られ	られる	られる	られれ	られろ られよ	られ

用例（ぬ）：長い時間を待たずに食べられる。／何も食わずに寝ている。／倦まず弛まず医学の研究をしている。／説明書をよく読まずに製品を使っている人は少なくありません。／火のないところに煙は立たぬ。／分からぬ(ん)ことは尋ねるが良い。

用例（せる・させる）：子供に作文を書かせたり、難しい算数の問題を解かせたりする。／学生に本をたくさん読ませる。／子供にミルクを飲ませる時間です。／彼はよく冗談を言って、みんなを笑わせる。／自分の不注意で、彼を怪我させてしまった。

用例（べし）：一番人気の味噌ラーメンを選ぶべきですね。／学生は勉強す(る)べきだ。／会社の電話で、私用の電話をするべきではない。／あの時、買っておくべきだった。／無用のもの、入るべからず。／それは許すべからざるミスだ。／明日九時、全員集合すべし。／研究すべき問題は多くある。

用例（ようだ）：中国語を正しい発音で話すことはかなり困難なようです。／車が飛ぶように走っている。／病人のような声で話している。／そのような生き方はしたくない。

用例（れる・られる）：日本で犬と猫は二大ペットだと言われている。／山田さんは、先生に褒められた。／人からそんなことを言われるはずがない。／この漫画はよく子どもに読まれている。／その子は母親に叱られて、泣き出した。／ウォーキングによって気持ちのいい一日が始められる。

※说明：

1. 左侧第一栏为本教材中出现的助动词，括号内以数字注明该助动词首次出现在本教材的课次。

2. 助动词有多种用法和含义，有些并未出现在本教材中，表格内均一并简要列出，学生可以参考使用。

3. 表格中的〇表示该助动词没有这种词尾变化形式或无须下接其他助词、助动词。

4. "用例"栏中第一句有些为教材中出现的句子。

5. 例句的日语汉字读音和中文译文请参看本教材配套的"学习辅导用书"。

六、课文会话中出现的人物姓名

日 本 人		中 国 人
姓 氏	名 字	姓 名
よしだ 吉田 (1)		じょ 徐 (1)
やまだ 山田 (1)	まこと 誠 (1)	ごぎょう 呉暁 (1)
さ さ き 佐々木 (2)	あ す か 明日香 (2)	そん か 孫可 (2)
やまぐち 山口 (3)	なおき 直樹 (3)	こ う 胡宇 (3)
まつもと 松本 (3)	だいすけ 大輔 (3)	しゅ か れい 朱佳玲 (4)
いのうえ 井上 (4)	しょうた 翔太 (4)	こうえん 高燕 (6)
はやし 林 (4)	ひろし 洋 (4)	りんよう 林陽 (7)
し みず 清水 (5)	はやお 駿 (5)	か ゆう 何勇 (11)
さ とう 佐藤 (5)	けん た ろう 健太郎 (5)	
すず き 鈴木 (6)	たつ や 辰哉 (6)	
たかはし 高橋 (7)	ひろゆき 博之 (7)	
た なか 田中 (8)	ひでき 秀樹 (8)	
わたなべ 渡辺 (8)	のぼる 昇 (8)	
い とう 伊藤 (9)	あさ ひ 朝陽 (9)	
やまもと 山本 (10)	れい な 玲奈 (10)	
なかむら 中村 (10)	さ なえ 早苗 (10)	
こ ばやし 小林 (11)	りゅういち 龍一 (11)	
さ さ き 佐々木 (12)	ま ゆ み 真由美 (12)	

※说明：

后面的数字是人物姓名首次出现在本教材的课次。

七、日语假名罗马字拼写法

a	i	u	e	o	kya	kyu	kyo
ア	イ	ウ	エ	オ	キャ	キュ	キョ
ka	ki	ku	ke	ko	sya[sha]	syu[shu]	syo[sho]
カ	キ	ク	ケ	コ	シャ	シュ	ショ
sa	si[shi]	su	se	so	tya[cha]	tyu[chu]	tyo[cho]
サ	シ	ス	セ	ソ	チャ	チュ	チョ
ta	ti[chi]	tu[tsu]	te	to	nya	nyu	nyo
タ	チ	ツ	テ	ト	ニャ	ニュ	ニョ
na	ni	nu	ne	no	hya	hyu	hyo
ナ	ニ	ヌ	ネ	ノ	ヒャ	ヒュ	ヒョ
ha	hi	hu[fu]	he	ho	mya	myu	myo
ハ	ヒ	フ	ヘ	ホ	ミャ	ミュ	ミョ
ma	mi	mu	me	mo	rya	ryu	ryo
マ	ミ	ム	メ	モ	リャ	リュ	リョ
ya	(i)	yu	(e)	yo	gya	gyu	gyo
ヤ	(イ)	ユ	(エ)	ヨ	ギャ	ギュ	ギョ
ra	ri	ru	re	ro	zya[ja]	zyu[ju]	zyo[jo]
ラ	リ	ル	レ	ロ	ジャ	ジュ	ジョ
wa	(i)	(u)	(e)	o[wo]	(zya)[dya]	(zyu)[dyu]	(zyo)[dyo]
ワ	(イ)	(ウ)	(エ)	ヲ	ヂャ	ヂュ	ヂョ
ga	gi	gu	ge	go	bya	byu	byo
ガ	ギ	グ	ゲ	ゴ	ビャ	ビュ	ビョ
za	zi[ji]	zu[du]	ze	zo	pya	pyu	pyo
ザ	ジ	ズ	ゼ	ゾ	ピャ	ピュ	ピョ
da	(zi)[di]	(zu)[du]	de	do			
ダ	ヂ	ヅ	デ	ド			
ba	bi	bu	be	bo			
バ	ビ	ブ	ベ	ボ			
pa	pi	pu	pe	po			
パ	ピ	プ	ペ	ポ			

※说明：

1. 此表依据为1954年日本内阁告示第1号的规定。

2. （ ）内为重复的假名音。

3. 拨音「ン」一律写作n。

   如：ansin（安心）　　　　　sinbun（新聞）　　　tenki（天気）

4. 表示拨音的n与后面接的元音字母或y有分开拼写的必要时，在n的后面加"'"符号。

   如：han'i（範囲）　　　　　gen'in（原因）　　　　gen'yu（原油）

5. 表示促音时要把后面的辅音字母重复一次。

   如：rippa（立派）　　　　　matti（マッチ）　　　hakkiri（はっきり）

6. 长音在元音字母上加"^"或"ˉ"符号表示，大写时也可以用并排的两个元音字母表示。

   如：okâsan（お母さん）　　kyôto（京都）　　　　Oosaka（大阪）

   在现代的实际生活中，也经常见到长音不加任何标记的情形。

   如：Osaka（大阪）

7. 特殊音的拼写法可以按音自由拼写。

   如：「フィルム」可写作firumu、hwirumu、huirumu或film。

8. 句子开头和专有名词的第一个字母用大写字母。专有名词以外的名词的词头也可以大写。

八、英文字母日语读音表

大写	小写	读音	大写	小写	读音	大写	小写	读音
A	a	エー／エイ	J	j	ジェー／ジェイ	S	s	エス
B	b	ビー	K	k	ケー／ケイ	T	t	ティー
C	c	シー	L	l	エル	U	u	ユー
D	d	ディー	M	m	エム	V	v	ブイ／ヴイ
E	e	イー	N	n	エヌ	W	w	ダブリュー
F	f	エフ	O	o	オー	X	x	エックス
G	g	ジー	P	p	ピー	Y	y	ワイ
H	h	エッチ／エイチ	Q	q	キュー	Z	z	ゼット／ズィー
I	i	アイ	R	r	アール			

九、中国 34 个省级行政区域名称和行政中心日语读音表

名称	行政中心
北京市 (ペキンし)	北京 (ペキン)
上海市 (シャンハイし)	上海 (シャンハイ)
天津市 (テンシンし)	天津 (テンシン)
重慶市 (じゅうけいし)	重慶 (じゅうけい)
安徽省 (あんきしょう)	合肥 (ごうひ)
福建省 (ふっけんしょう)	福州 (ふくしゅう)
甘粛省 (かんしゅくしょう)	蘭州 (らんしゅう)
広東省 (かんとんしょう)	広州 (こうしゅう)
貴州省 (きしゅうしょう)	貴陽 (きよう)
海南省 (かいなんしょう)	海口 (かいこう)
河北省 (かほくしょう)	石家荘 (せっかそう)
河南省 (かなんしょう)	鄭州 (ていしゅう)
黒竜江省 (こくりゅうこうしょう)	哈爾濱 (ハルピン)
湖北省 (こほくしょう)	武漢 (ぶかん)
湖南省 (こなんしょう)	長沙 (ちょうさ)
吉林省 (きつりんしょう)	長春 (ちょうしゅん)
江蘇省 (こうそしょう)	南京 (ナンキン)
江西省 (こうせいしょう)	南昌 (なんしょう)
遼寧省 (りょうねいしょう)	瀋陽 (しんよう)
青海省 (せいかいしょう)	西寧 (せいねい)
山東省 (さんとうしょう)	済南 (さいなん)
山西省 (さんせいしょう)	太原 (たいげん)
陝西省 (せんせいしょう)	西安 (せいあん)
浙江省 (せっこうしょう)	杭州 (こうしゅう)
四川省 (しせんしょう)	成都 (せいと)
台湾省 (たいわんしょう)	台北 (タイペイ)
雲南省 (うんなんしょう)	昆明 (こんめい)
西蔵自治区 (チベットじちく)	拉薩 (ラサ)
新疆維吾尔自治区 (しんきょうウイグルじちく)	烏魯木斉 (ウルムチ)
内モンゴル自治区 (うちモンゴルじちく)	呼和浩特 (フフホト)
寧夏回族自治区 (ねいかかいぞくじちく)	銀川 (ぎんせん)
広西壮族自治区 (こうせいチワンぞくじちく)	南寧 (なんねい)
香港特別行政区 (ホンコンとくべつぎょうせいく)	香港 (ホンコン)
澳門特別行政区 (マカオとくべつぎょうせいく)	澳門 (マカオ)

十、日本都、道、府、県及其政府所在地名称

1. 北海道札幌市　2. 青森県青森市　3. 岩手県盛岡市　4. 宮城県仙台市

5. 秋田県秋田市　6. 山形県山形市　7. 福島県福島市　8. 茨城県水戸市

9. 栃木県宇都宮市　10. 群馬県前橋市　11. 埼玉県埼玉市　12. 千葉県千葉市

13. 東京都新宿区　14. 神奈川県横浜市　15. 新潟県新潟市　16. 富山県富山市

17. 石川県金沢市　18. 福井県福井市　19. 山梨県甲府市　20. 長野県長野市

21. 岐阜県岐阜市　22. 静岡県静岡市　23. 愛知県名古屋市　24. 三重県津市

25. 滋賀県大津市　26. 京都府京都市　27. 大阪府大阪市　28. 兵庫県神戸市

29. 奈良県奈良市　30. 和歌山県和歌山市　31. 鳥取県鳥取市　32. 島根県松江市

33. 岡山県岡山市　34. 広島県広島市　35. 山口県山口市　36. 徳島県徳島市

37. 香川県高松市　38. 愛媛県松山市　39. 高知県高知市　40. 福岡県福岡市

41. 佐賀県佐賀市　42. 長崎県長崎市　43. 熊本県熊本市　44. 大分県大分市

45. 宮崎県宮崎市　46. 鹿児島県鹿児島市　47. 沖縄県那覇市

十一、日语常用寒暄用语

1. 早上好！／おはようございます。⓪＋④

2. 你好！（白天）／こんにちは。⑤

3. 晚上好！／こんばんは。⑤

4. 晚安！／お休みなさい。⑥

5. 有人在吗？／御免下さい。⑥

6. 打扰了。／お邪魔します。⑤

7. 欢迎光临。／いらっしゃい（ませ）。④／⑥

8. 初次见面。／初めまして。④

9. 请多关照。／どうぞ　よろしく　（お願いします）。①＋⓪／⓪＋②

10. 好久不见！／お久しぶりです。⑦

11. 近来好吗？／お元気ですか。②

12. 托您的福，我很好。／お陰様で、元気です。⓪＋①

13. 恭喜（祝贺）。／おめでとう　ございます。⓪＋④

14. 谢谢。／ありがとう　ございます。（ありがとうございました。）②＋④

15. 对不起（劳驾问一下）。／すみません。④

16. 对不起。／御免なさい。⑤

17. 拜托了（烦请……）。／お願いします。⓪＋②

18. 明白了。／わかりました。④

19. 我知道了。／かしこまりました。⑥

20. 不用客气！／御遠慮なく。⑤

21. 没关系。／いいえ、かまいません。③＋⑤

22. 没什么好吃的，请！／お口に　合うかどうか　分かりませんが、どうぞ。③＋②＋①

23. 那我就吃了（那我不客气了）。／いただきます。⑤

24. 吃（喝）好了。／御馳走様（でした）。⓪／⑦

25. 哪里哪里。／こちらこそ。④

26. 不用谢（没关系）。／どう　いたしまして。①＋④

27. 我走了！／行ってきます。⑤／行ってまいります。⑦

28. 请走好！／いってらっしゃい。⓪

29. 我回来了！／ただいま。④

30. 你回来了！／お帰りなさい。⑥

31. 辛苦啦！／お疲れ様です。／お疲れ様でした。⑦

32. 我先走一步。／お先に失礼します。⓪＋②＋②

33. 告辞(对不起)。／失礼します。②＋②

34. 请多保重！／では、お元気で。①＋②／お大事に。⓪

35. 请走好！／お気をつけて！④

36. 回头见(明天见)。／では、また(あした)。①＋⓪(③)

37. 再见！／さようなら。⑤／じゃ、また。①＋②／バイバイ。①／じゃあね
（え）！①＋①

メモ

メモ

メモ

メモ

メモ

メモ